Innovació i equitat educativa

el diari de l'educació
RECURSOS EDUCATIUS

Xavier Martínez-Celorrio

Innovació i equitat educativa

El dret a aprendre com a prioritat transformadora

Octaedro
Editorial

Col·lecció: Recursos educatius
Sèrie: El diari de l'educació
Títol 4: *Innovació i equitat educativa*

Primera edició: setembre de 2017

Editorial Octaedro, S.L.
C. Bailèn, 5 – 08010 Barcelona
Tel.: 93 246 40 02
octaedro@octaedro.com
www.octaedro.cat

ISBN: 978-84-17219-03-1
Dipòsit legal: B. 24426-2017

Realització i producció: Editorial Octaedro
Disseny de la coberta: Tomàs Capdevila

Impressió: Press Line

Imprès sobre paper ecològic, certificat FSC

Imprès a la UE – *Printed in EU*

Introducció

Hi ha consens internacional a considerar que el potencial futur de riquesa de les nacions depèn de la qualitat dels sistemes educatius. Hi estic d'acord. Per això, l'educació és tan estratègica i cuidada pels bons governs i, en canvi, arraconada o depreciada pels governs corruptes i immorals que no pensen en el benestar general. Històricament sempre ha estat així. Alhora, s'ha posat de moda dir que el sostre de la qualitat del sistema educatiu és la qualitat del seu professorat. Aquí, no hi estic d'acord. La qualitat del sistema depèn de la qualitat de la seva governança, és a dir, depèn de la política educativa i dels alts càrrecs que dissenyen l'estructura funcional del sistema, configurant les condicions de treball del professorat, la seva formació, autonomia i llibertat creativa.

Això no implica que nosaltres mateixos com a professors no tinguem un paper fonamental en la qualitat del sistema. El tenim, i encara creixerà més en importància si tornem a ser influents en el debat públic amb un discurs ben estructurat. És el moment d'escoltar els professionals docents, no pas els seus sindicats, ni els partits polítics, ni altres instàncies que no siguin els mateixos actors de l'ensenyament com a comunitat professional. No es tracta de parlar de condicions laborals. Més ben dit, un cop pal·liats els pitjors efectes de la devaluació salarial a causa de les retallades per la crisi, és el moment de retornar responsabilitat a la societat. És el moment d'escoltar la veu del professorat capaç de respondre al trilema *què, com i per a què* han d'educar les escoles i els instituts els fills de la societat de la qual són servidors públics. Ens toca.

És la via directa per guanyar el desitjat reconeixement social que mai acaba d'arribar perquè la societat no s'acaba de refiar del seu cos docent, en especial, de la secundària. Aquesta mena de diàleg de sords entre professorat i societat ha fet entrar l'educació pública en un bucle de recels i desconfiances mentre no es parla d'allò més important: què diuen els professionals sobre les millors maneres d'educar i aprendre en la societat d'avui? Què estan fent ells i el sistema per saber què funciona i no funciona en l'escola? Com els incentiva i ajuda la nostra administració pública en el seu desenvolupament professional? Fins ara, aquests han estat temes tabú i, per tant, intocables o intractables, atès que es posarien masses coses en evidència. Però ara toca obrir aquests temes tot calmant el debat educatiu, que ha de ser més serè, més sincer i més fonamentat en fets i evidències. Repte difícil.

Si l'aprenentatge resulta tan medul·lar en la configuració de la societat del coneixement, per lògica intrínseca, el professorat passa a tenir un rol socialment privilegiat, ja que és el responsable de dissenyar, produir i distribuir l'aprenentatge dels ciutadans. Hem d'entendre l'aprenentatge com el mineral o tresor més apreciat que nodreix d'energia i riquesa l'economia i la societat del coneixement. L'aprenentatge ocupa el lloc que el carbó i el petroli van tenir al llarg de la societat industrial entre els segles XIX i XX. Per això és determinant que el professorat, com a gran i divers col·lectiu de múltiples sensibilitats, lideri i participi en el debat educatiu com a comunitat professional.

Un gran sector del professorat, especialment a la secundària, no és conscient del poder i del valor públic que pot aportar com a innovador social i com a intel·lectual transformador en la societat del coneixement. Hi ha un sector que s'ha acomodat als valors materialistes d'un bon sou i que no vol problemes ni escoles problemàtiques ni alumnes desafiadors. Curiosament és un estil cultural-professional que està als antípodes de l'ètica professional dels metges de qualsevol hospital públic. Per a ells, els casos més difícils, de més urgència i complexitat, representen un repte desitjable perquè són aquells dels quals més poden aprendre, ja que està en joc una vida humana. No importa la classe social del malalt ni la seva religió, etnicitat, orientació sexual o nacionalitat.

Recordem que en la versió moderna i anglosaxona del jurament hipocràtic dels metges es promet, en primer lloc, «respectar els assoliments científics que, amb tant d'esforç, han aconseguit els metges sobre els passos dels quals ara es camina, i compartir amb molt de gust aquest coneixement amb aquells que venen darrere». Tota una declaració de racionalisme, col·legialitat i cooperació. Cal recordar que el jurament hipocràtic va néixer a l'antiga Grècia per tal d'enfortir l'ofici de metge davant els xarlatans, impostors i xamans que oferien remeis màgics amb efecte placebo que acabaven matant els pacients. Per desgràcia, ara torna a passar amb el moviment antivacunes i altres esoterismes capciosos.

En educació ens passa amb modes i tendències pedagògiques com les intel·ligències múltiples i l'anomenada pedagogia sistèmica. Aquesta darrera neociència es basa en l'adaptació de les constel·lacions familiars d'un fals psicoterapeuta de passat nazi. El problema i l'alerta que s'encén és que siguin creïbles o referents d'un sector del professorat, i això ja denota com uns quants estan perduts i són fàcilment influenciables. Amb un jurament de tipus hipocràtic de la professió això no passaria perquè s'exigiria racionalisme, rigor i competència experta. Racionalisme contra els venedors de fums, col·legialitat contra la dispersió i la individualització docent i aprenentatge entre iguals contra el narcisisme i l'autosuficiència intel·lectual. Crec que estem parlant de tres conceptes cabdals de deontologia professional amb codis ètics i d'expertesa que estan per redactar. Veurem algun dia un jurament de tipus hipocràtic entre el professorat? Si fem fer contractes pedagògics als alumnes i les famílies, qui o què ens impedeix fixar una nova ètica professional i jurar-la o contractualitzar-la?

Mentre no arribi aquest enfortiment deontològic i ètic, el sector educatiu seguirà sent molt propens a l'idealisme i els predicadors. Curiosament, quan emergeix l'onada de canvi de les escoles innovadores també sorgeixen susceptibilitats, recels i pors que poden desembocar en versions conspiradores sobre «qui hi ha al darrere» i «a qui li interessa tanta innovació». S'ha arribat a dir que la mà negra del neoliberalisme i de les empreses està al darrere de la moda actual per l'aprenentatge basat en projectes, que, de fet, promou la mateixa LOMQE [*sic*]. La sociologia de l'educació que investiga i genera evidència empírica, amb Basil Bernstein i Andy Hargreaves al capdavant, ens diu i ens demostra tot el contrari. Potser aquest excés d'irracionalitat i de malfiança es deu a la pèrdua de llenguatges i conceptes crítics que va en paral·lel amb la minimització patida per la sociologia de l'educació en els plans d'estudi de les facultats d'educació.

El nivell de debat no pot caure en la ignorància atrevida. No podem derivar en mestres ignorants. Som professors. Ens hem educat sota la lògica científica i del racionalisme il·lustrat, crític i emancipatori. Se suposa que estem educant nens i adolescents amb aquestes coordenades. De cap manera podem rebaixar el nivell de debat i ser crèduls d'un xarlatanisme capciós que es nodreix d'alguns docents sensibles, desorientats i vulnerables. Al professorat ens correspon aixecar, refinar i estructurar el nivell de debat. Ens correspon ser uns referents modèlics a l'hora d'exposar raons i arguments amb maduresa i rigor.

Coincideixo amb el politòleg Víctor Lapuente quan diu que el secret de les bones polítiques és el resultat de com les discutim. És a dir, el secret rau en com emmarquem el debat dels problemes socials i col·lectius. En com perfilem els temes i aportem arguments, continguts i evidències. En funció del marc narratiu que puguem construir derivaran millors polítiques en el mitjà termini. El gran debat que el professorat necessitem obrir, amb calma i bon mètode, gira entorn del trilema *què, com i per a què* eduquem els fills dels nostres conciutadans. Aquest llibre vol contribuir a anar fonamentant aquest nou marc de debat i de reflexió sobre la cruïlla i els desafiaments en què ens trobem.

Tot sistema educatiu nacional sempre ha tingut les seves illes tolerades d'innovació educativa que contrastaven amb el model estàndard i uniforme d'escola. La clau era que no s'estenguessin per tot el sistema. Habitualment, ha estat als marges perifèrics del sistema educatiu on han arrelat els models més innovadors i disruptius. Ens referim a l'educació especial, l'educació d'adults, l'educació rural, l'educació infantil o l'educació en barris difícils i pobres. La innovació pot arrelar millor en l'educació primària, però és arribar a l'ESO i tornem a un model tradicional d'ensenyament transmissor. La innovació més transformadora i disruptiva sempre ha nascut i s'ha mantingut en els marges del sistema, tolerada, però arraconada com a perifèrica. És tot el contrari del que ha passat en l'economia i la societat, en què els canvis disruptius originats en els marges del sistema han passat a ser part del nucli central, amb empreses com Apple, Microsoft o Google, que van començar en un garatge.

Podem coincidir que avui el corrent de fons del canvi educatiu no és testimonial, sinó molt més poderós i tendent a expandir-se per tota la geografia del sistema, independentment de la titularitat de centre i del barri d'ubicació. L'excés arrogant i autoritari de la LOMQE (2013) ha donat pas a un desig autèntic de transformació educativa que és transversal i mou moltes peces del tauler educatiu. No es tracta només d'una pedra llençada en un estany. Per això, ja no podem parlar tan sols de la tradicional innovació d'aula, sinó d'una onada de canvi educatiu genuí que va de baix a dalt i experimenta un nou paradigma pedagògic, organitzatiu i funcional.

Els seus protagonistes són certes escoles i instituts cansats de reproduir un model escolar burocràtic. Són emprenedors del canvi educatiu que van a contracorrent del sistema oficial, desbordant-lo o jugant dins dels límits de l'experimentació pedagògica permesa per llei. A Catalunya s'està configurant un onatge de canvi que reinventa el que anomeno *matriu escolar* i que es compon de les didàctiques, les metodologies, els horaris, els espais i l'arquitectura, l'organització del currículum, la forma d'avaluar, la relació amb els alumnes i la relació amb la comunitat. En aquest llibre defenso que la gran diferència que separa el canvi innovador d'avui de la millora escolar de tota la vida és l'experimentació d'una nova matriu escolar.

Els canvis, innovacions i reestructuracions decidits per les escoles comencen allà on s'acaben les reformes educatives dirigides pels estats. Quines són les principals causes simultànies que impulsen a emprendre accions de canvi i reestructuració per part de les escoles, avui en dia? Les podríem sintetitzar en quatre raons principals: a) la persistència d'uns resultats acadèmics discrets i insatisfactoris; b) els problemes d'actitud i de convivència amb l'alumnat; c) les rutines i inèrcies repetitives d'un model insatisfactori, i d) la fatiga i frustració del professorat davant les tres causes anteriors. Són quatre problemes sistèmics que no estan ben resolts per la política educativa dels estats i que qualsevol reforma educativa sempre deixarà pendents.

Aquest llibre porta valor d'anàlisi i elabora propostes per tal de millorar o fer evolucionar la innovació i l'equitat del nostre sistema educatiu. Totes dues alhora. La bellesa conceptual de combinar «innovació i equitat educativa» rau en el fet de prescriure normativament que ambdues són inseparables i exigibles en combinació. Ambdues han de conformar el pilar central d'una política educativa a l'altura de les múltiples demandes socials de canvi i modernització del sistema. Dues en una. El repte de la desigualtat és el repte alhora de la innovació. Sense un canvi innovador i disruptiu de la matriu escolar tradicional no augmentarà l'equitat del sistema. De fet, el sistema no va néixer ni per ser equitatiu ni per ser innovador. Va néixer al segle XIX per reproduir la dominació cultural, per produir adhesió a la pàtria i conformitat amb la moral del treball assalariat. Va néixer com a dispositiu disciplinari de consciències i d'identitats, substituint el paper històric i cohesiu que tenia l'Església. Si hem aconseguit quotes d'equitat i d'innovació interna és malgrat la inèrcia del sistema i de la seva matriu burocràtica, enciclopèdica i selectiva.

El llibre s'organitza en tres grans capítols. El primer analitza el context més general de la governança i els canvis socials que afecten l'educabilitat. El segon capítol se centra a clarificar i contextualitzar de quina innovació educativa estem parlant en ple segle XXI. El tercer capítol presenta i formula noves propostes d'equitat escolar que incideixen tant en els factors interns de les escoles com en els factors externs de la societat. Esperem que el llibre sigui de lectura profitosa i estimulant.

1. Governança, canvis socials i nova educabilitat

La Il·lustració és la sortida de l'home de la seva minoria d'edat, de la qual ell mateix és responsable. La minoria és la incapacitat de servir-se de la seva raó sense la direcció d'un altre. Sapere aude. «Tingues el valor de servir-te de la teva pròpia raó i enteniment». Tal és la divisa de les Llums.

IMMANUEL KANT

Estem a les portes de la quarta revolució industrial, que radicalitzarà i accelerarà encara més tots els canvis laborals, socials, culturals i polítics. El 2014, per primer cop, un robot va escriure una notícia per *Los Angeles Times*. El 2016 el robot japonès Todai ja escrivia millor que la majoria dels batxillers japonesos un assaig sobre el comerç marítim del segle XVII. La matemàtica Noriko Arai, responsable del Todai Robot Project, ens diu que els algoritmes i la intel·ligència artificial poden combinar milions de fonts i dades, però no les entenen. Són incapaços de crear significat malgrat que puguin redactar millor que un estudiant. De moment, aquesta és la frontera que ens separa als humans de la robòtica: la creació de sentit i de significats. Noriko Arai té molt clar que el sistema educatiu tradicional *old-school* transmet un munt de coneixements disciplinaris sense assegurar-se que els estudiants entenguin el seu significat. Diu que això no és coneixement, sinó memorització, i que la intel·ligència artificial ja pot fer el mateix.[1]

No podem continuar instruint les noves generacions per fer el mateix que ja fan els robots. Seria un acte polític irresponsable. Memoritzar i repetir allò que marca el llibre de text o el cànon correcte del professor ja és, en si mateix, un acte i un procés robòtic que nega o inhibeix les competències clau que seran vitals per al desenvolupament personal i professional dels alumnes. El dret a aprendre passa avui perquè tot l'alumnat adquireixi la capacitat de crear significats, entendre allò que assimila i l'envolta i ser competent en multitud de codis i llenguatges que conviuen en complexitat. Un objectiu universalista i equitatiu així d'ambiciós passa pel canvi educatiu i la reevolució pedagògica de les nostres escoles i instituts en un marc d'innovació adient, ben estimulat i acompanyat des de les administracions públiques.

La política educativa pública del nostre país no s'ha atrevit a pilotar i estimular el canvi pedagògic en el nou segle, demostrant una mediocre i erràtica governança que explicaria, entre altres conseqüències, l'estancament dels resultats escolars durant la darrera dècada. En aquest primer capítol parlarem de la mediocre governança en temps difícils, analitzant la cruïlla d'amenaces i oportunitats que tenim per davant i els canvis socials externs que han fet canviar les condicions d'educabilitat de nens i adolescents. La conseqüència final és l'actual ambigüitat sistèmica de l'escola com a institució, indecisa i sobrepassada per canvis socials externs que ha renunciat a processar i metabolitzar. Però resulta inevitable acordar quines funcions socials volem que acompleixi el nostre sistema escolar, optimitzant les oportunitats que ofereixen els canvis.

1. *El País* (2017). Entrevista a Noriko Arai. Publicat el 6 de juny de 2017.

La governança educativa en temps digitals

Avui, la funció social, econòmica, cultural i civicopolítica que acompleixen les escoles i el sistema educatiu és molt diferent de la que acomplien fa tan sols 20 anys, quan no existien ni Google ni Amazon ni Facebook. Aquests nous gegants tecnològics, juntament amb Apple i Microsoft, no només ens han fet canviar les nostres vides i han destronat les multinacionals de la vella societat industrial; també lideren la competitivitat tecnològica i els avenços en intel·ligència artificial, *big data* i *machine learning*, que són els motors de la quarta revolució industrial basada en la robòtica i el canvi digital.

Neoliberalisme, negoci educatiu i *teach to the test*

Els avenços en l'aprenentatge profund (*deep learning*) de les màquines s'ha accelerat de forma exponencial en els darrers tres anys. Cristòbal Cobo (2016) ens diu que el grup Pearson, el consorci editorial de llibres educatius més gran del món, ja té un programa que corregeix textos dels estudiants sense importar el seu nivell, el seu estil o el gènere literari. L'automatització de tasques rutinàries pot fer la vida més fàcil al professorat però a costa de seguir un paradigma instructiu de l'ensenyament tradicional basat en el *teach to the test* (o ensenyar per superar tests i exàmens).

En aquest paradigma, l'ensenyament queda reduït a un procés de producció taylorista en cadena, més tecnificat i controlable. El *teach to the test* ha estat el paradigma aplicat als països angloamericans (Anglaterra, els Estats Units, Austràlia i Nova Zelanda), seguint reformes neoliberals de mercat i d'estandardització curricular a gran escala (Martínez-Celorrio, 2003; Dahrling-Hammond, 2009). Són països que han imposat un marc únic de pedagogia visible, transmissora, acadèmica i disciplinària, com diria Basil Bernstein. Tot el procés transmissor de continguts s'orienta a acomplir els estàndards curriculars i ritmes marcats d'instrucció per avaluar els alumnes amb tests continuats, llistar rànquings d'escola a partir dels resultats, oferir lliure elecció a les famílies i tancar les escoles o acomiadar el professorat que no acompleix els objectius esperats.

En un règim escolar d'aquest tipus, el professor perd el control absolut del procés educatiu i queda intel·lectualment expropiat per un sistema tecnocràtic fonamentat en la transmissió, avaluació i productivitat acadèmica de resultats. El professor tan sols posa la cara i la relació humana en un sistema tecnoeficient que ja és controlable des de fora. De fet, les reformes neoliberals que promouen el *teach to the test* van ser dissenyades a prova de professors, per tal de neutralitzar-los del tot i anul·lar la seva capacitat de resposta sindical i professional. Per això, la vocació de ser mestre ha caigut en picat en aquests països. Representen tot el contrari del que envolta l'aprenentatge basat en projectes i altres modalitats de globalització curricular i de pedagogies invisibles, que diria Bernstein.

A més, darrere del *teach to the test* hi ha un gran negoci educatiu amb milions de dòlars i euros en joc. No només en forma de llibres de text i de contractes en exclusiva de les escoles amb les editorials. Per exemple, Pearson també és l'empresa que realitza els exàmens PISA a escala internacional i el disseny i correcció dels exàmens estandarditzats a molts llocs dels Estats Units i del món. De fet, el negoci dels tests i revàlides als Estats Units representa un mercat de 2.000 milions de dòlars cada any. Entre 2009-2014, Pearson va gastar 8 milions de dòlars només per fer lobby a Washington, pressionant els congressistes per mantenir els tests estandarditzats com a obligatoris i en condicions favorables a l'empresa.[2] Cal recordar que el grup Pearson era el propietari de *The Economist* i de *The Financial Times* fins al 2015, dos

2. *The Washington Post* (2015). «Big education firms spend millions lobbying for protesting policies». Publicat el 30 de març de 2016.

dels mitjans icònics en la defensa dels principis neoliberals. Es va alliberar dels mitjans impresos per centrar-se en el negoci educatiu i el seus mercats emergents.

Hi ha, doncs, grans interessos perquè els sistemes educatius nacionals adoptin o no abandonin el *teach to the test*, els materials estandarditzats i la febre de fer tests regulars i rànquings d'escoles. Són una força de mercat i negoci que reprodueix el vell taylorisme educatiu, ara tecnificat amb *big data* i *machine learning*, que processa i comercialitza milions de dades dels resultats dels estudiants. El mateix disseny de la LOMQE i les revàlides no eren sinó una reforma adient per expandir el negoci d'empreses com Pearson, disposant d'un públic captiu i massiu format per milions d'estudiants. La regió de Madrid és el lloc d'Espanya on més ha penetrat aquest règim neoliberal d'escolaritat.

Per anar obrint mercat, el ministre Wert va introduir a Espanya el programa PISA per a escoles al curs 2013-2014. Consisteix a oferir als centres realitzar les proves PISA i comparar-se en l'àmbit internacional per impressionar les famílies més crèdules i vanitoses. Els alumnes responen als diferents tests PISA en tres hores i mitja i els resultats permeten dir al centre si superen o no Finlàndia o Corea. Sembla irònic, però funciona: escoles espanyoles que són altament selectives i elitistes ja tenen la prova sagrada que els certifica com a millors que Finlàndia.[3] Suposa un segell de qualitat que les escoles privades faran servir i publicitaran quan els resultats els convinguin. Comparar tot un país amb un centre escolar és una aberració estadística i tot un deliri fetitxista que converteix l'instrument PISA en una icona sagrada que conté tota la veritat. Els que així pensen són xamans i tecnòcrates

3. *ABC* (2016). «Quince colegios privados españoles superan a Finlandia en las pruebas de PISA para centros educativos». Publicat el 16 de maig de 2016. Cal destacar que són escoles privades que no reben concert i estan agrupades en el CICAE (Asociación de Colegios Privados e Independientes – Círculo de Calidad Educativa).

interessats a reduir l'educació a un procés parametritzable. Una postmentida més.

No hauríem d'educar els nens perquè siguin similars d'acord amb una mètrica estandarditzada, sinó per ajudar-los a descobrir els seus propis talents i potenciar les seves capacitats, com ens diu el pedagog finlandès Pasi Sahlberg (2014). Quan analitza el singular i inesperat èxit del model finlandès, ens diu que es basa en un canvi educatiu sostingut, fruit d'un lideratge sistemàtic amb petits canvis successius i un gran consens social darrere. Però també ens diu que el model finlandès, d'alt rendiment i equitat, forma part dels mateixos factors culturals i institucionals que han transformat Finlàndia en una societat del benestar i del coneixement, oberta i competitiva. No hi ha receptes. De fet, Sahlberg reconeix que cap reforma ni innovació concreta pot ser la responsable de l'èxit del model que, de fet, està molt imbricat en el model social i cultural que estructura el país.

La mediocre governança educativa que consentim

El politòleg Víctor Lapuente (2015) ja ens diu que la cultura institucional escandinava i el seu model de governança i definició de polítiques públiques no són el resultat de grans passos i decisions grandiloqüents, sinó de passos petits però constants. No neixen de programes grans, retòrics i detallats, sinó d'experiments petits i oberts, generadors d'evidències i lliçons que ajuden a prendre decisions. Per això, Lapuente diu que responen a una *lògica exploradora*, que és tot el contrari del que fan els països amb democràcies menys madures com el nostre, on predomina el paternalisme i la captura de les institucions per repartir càrrecs i interessos de partit.

Aquesta segona seria una lògica del xaman molt categòrica, venedora de valors absoluts i amb una retòrica grandiloqüent, però buida, que no es concreta en bones polítiques ni en l'avaluació de resultats ni en la rendició de comptes. La lògica exploradora dels països escandinaus és més propera al perfil dels polítics, representats com a *policy-seekers* (cercadors de bones polítiques). En canvi, la lògica xamànica dels països llatins correspon al perfil *office-seekers* (buscadors de càrrecs i de poder) sense gaire interès per l'eficàcia i la innovació pública. Aquest segon model és el que fa que la governança educativa a Espanya sigui mediocre i erràtica, imbuïda de la lògica xamànica i de confrontació ideològica sense espais de consens ni estabilitat legislativa i amb molta retòrica solemne.

La governança educativa a Espanya

El concepte de governança prové del món anglosaxó i es refereix a les tradicions i institucions que exerceixen l'autoritat en una esfera pública determinada. La governança inclou quatre components que serveixen per avaluar-la, millorar-la i comparar-la entre països:

a) els processos de selecció, rendició de comptes, control i substitució d'alts càrrecs i gestors públics;
b) la capacitat de gestionar els recursos d'una manera eficient i de formular, implementar i reforçar polítiques i regulacions sòlides;
c) la capacitat de construir consensos o assolir l'aquiescència per tirar endavant nous programes entremig de múltiples interessos confrontats;
d) la confiança dels ciutadans i de l'Estat envers les institucions que governen les interaccions econòmiques i socials entre ells.

Fa ben poc, Francisco López Rupérez i els seus col·laboradors han publicat l'informe *La calidad de la gobernanza del sistema educativo español* (2017) a partir de 88 ítems preguntats a un focus-grup format per 21 experts i ex-alts càrrecs. El resultat és bastant demolidor: la mediocritat de la governança està correlacionada amb l'estancament dels resultats educatius en la darrera dècada. Tot i que no existeix un mecanisme causal directe, es pot inferir que la diferència en la qualitat de la governança entre països explicaria que uns hagin millorat resultats al llarg de la darrera dècada i altres, com Espanya, s'hagin estancat malgrat l'aprovació de reformes estructurals del sistema (LOECE-2003, LOE-2006 i LOMQE-2013).

Entre 2000-2009 el pressupost espanyol en educació no universitària es va duplicar fins a arribar als 37.000 milions d'euros, que es van reduir a 32.000 milions el 2014 per efectes de les retallades. No obstant això, malgrat haver-se duplicat la inversió, els *outputs* o resultats del sistema han quedat estancats entre 2005-2015. Ho podem constatar amb tres indicadors:

- L'estructura de qualificacions dels joves entre 25-34 anys és la mateixa el 2016 que l'any 2005: un 35 % no sobrepassa els estudis bàsics (CINE 0-2), un altre 24 % obté nivells secundaris (CINE 3-4) i un 41 % obté nivells universitaris (CINE 5-6). És una estructura en forma de *V* que és inèdita a Europa, on predomina la *V* invertida amb més presència de les qualificacions intermèdies.
- L'any 2005, el 64,5 % dels joves entre 25-34 anys assolien un mínim d'educació secundària superior (CINE 3), que es va mantenir al llarg dels anys fins a arribar el 2016, amb una taxa del 65,3 %. En canvi, la mitjana de la UE-28 ha augmentat en 5 punts percentuals. Espanya ocupa l'últim lloc en aquest indicador respecte a la Unió Europea.
- Malgrat que l'indicador d'abandonament prematur sí que s'ha reduït del 31 % (2005) fins al 19,4 % (2016), cal advertir que també s'ha anat reduint al conjunt de la Unió Europea. En canvi, el quocient divisor d'aquest indicador a Espanya amb relació a la mitjana europea s'ha mantingut estable entre 2005-2016 entorn del 0,5.

- Malgrat una lleugera millora en matemàtiques, la mitjana de totes les puntuacions PISA d'Espanya entre 2000-2015 constaten un clar estancament, i és l'únic país que no ha millorat resultats.

L'informe de López Rupérez (2017) qualifica amb un 1,6 la qualitat de la governança educativa a Espanya en un escala que va del 0 al 4. Per tant, si l'escala fos de 0 a 10, la nota de la governança que tenim seria un 4. De suspens. L'informe recomana introduir canvis de comportament polític per tal de construir una governança més competent i intel·ligent. Entre altres propostes defensa:

- Responsabilitzar els partits polítics amb codis de conducta per aplicar criteris meritocràtics en la selecció i avaluació dels alts càrrecs.
- Formar i preparar els responsables polítics, exigir-los responsabilitats i que evitin decisions improvisades.
- Reforçar la cooperació amb les universitats, centres de recerca i organismes multilaterals per tal de generar una sòlida base de coneixement expert sobre polítiques educatives.
- Professionalitzar les administracions educatives i potenciar la formació de quadres directius i gestors, per acumular aprenentatge institucional al marge dels canvis polítics.

Encara està per veure com i quan s'aplicaran aquestes recomanacions. Tenim un sistema escolar que funciona meritocràticament, tant per seleccionar professorat com per avaluar l'alumnat, excepte per seleccionar els alts càrrecs que prenen les decisions polítiques i de gestió del sistema. Hi ha molta feina a fer i poca voluntat política de capgirar l'estil de governança seguit fins ara. El que constatem és la ineficiència i incompetència que es desprèn del nepotisme partidista quan aquest colonitza les responsabilitats en educació.

Una consellera d'educació a les illes Balears era tan inepta que va parlar de l'informe Trepitja en seu parlamentària per referir-se a l'informe PISA. Veiem cada dia alts càrrecs desconfiats i insegurs que es dediquen a administrar la rutina, neutralitzant qualsevol veu o proposta sensata de canvi per part dels seus tècnics. Hem vist un partit de la nova política defensar la psicoanàlisi del professorat com a eina de millora del sistema. Hem vist tot un ministre Wert que va parir la LOMQE com una ocurrència agressiva i una batalla personal sense tenir cap mena de supervisió per part del govern i del seu partit. Hem vist i patit massa frivolitat política consentida.

Estem assistint a la desactivació i desconstrucció de la LOMQE per l'exigència d'una nova majoria parlamentària i per l'oposició clamorosa de tota la comunitat educativa. No obstant això, el dany lesiu que ens ha deixat la LOMQE és incalculable i no hi ha mètrica que el pugui mesurar. Cap algoritme el pot parametritzar. Són anys, recursos i energies balafiades que han segrestat l'autèntic debat de fons que la societat espanyola continua sense obrir: la modernització del currículum. És a dir, acordar nous continguts fonamentals, nous objectius d'aprenentatge i noves formes d'avaluació tenint en compte els canvis socials externs dels darrers anys i les noves condicions d'educabilitat de la infància i l'adolescència. Com cal redefinir i actualitzar les funcions socials que volem, com a societat i com a democràcia, que compleixi l'escola per al 2030? És la pregunta estratègica que ningú col·loca en el corrent principal ni, molt menys, com a tema d'Estat.

Al contrari, a Espanya assistim a un cicle de reformes i contrareformes determinades per la vella lluita ideològica entre dretes i esquerres, entre l'Estat i l'Església, que segueix sense resoldre des del segle XIX. És el gran matís que ens diferencia de la resta de països i que contamina tot el debat educatiu en una espiral perversa. El passat no pot seguir condicionant el debat educatiu durant més temps. Les noves generacions no han d'heretar els vells antagonismes i conflictes que la generació dels seus avis no ha sabut resoldre o consensuar. El pacte educatiu del qual es parla hauria de prendre aquest axioma de principi i enfocar el debat cap a les necessitats curriculars que acordem per afrontar la societat del coneixement i del risc i els reptes que planteja una economia global farcida de desigualtats. Per aquesta raó, primer hem de reconèixer i entomar els canvis socials externs que ens interpel·len.

Canvis socials que desafien o paralitzen la innovació

En els darrers vint anys, ha canviat l'economia, el món del treball, la forma de consumir les arts, la música i la cultura, la forma de relacionar-nos i les maneres d'exercir la ciutadania. Sense temps per aturar-nos, fer reflexions públiques profundes i guanyar perspectiva, la nostra societat avança amb dinàmiques de canvi permanent, en què l'única certesa és, justament, el canvi. Mai trobem temps o espais reflexius autèntics per repensar el sistema educatiu.

Per això, la iniciativa Ed Camp, que reuneix grups informals de professors i professores, resulta tan saludable i renovadora. És un espai autoorganitzat i genuí de relació entre iguals on es pot anar reflexionant sobre el per a què, el què i el com cal educar des d'escoles i instituts. Va néixer el 2010 a Filadèlfia i ja té una extensió ràpida i consolidable a Catalunya, però no pas a Espanya. Amb iniciatives com els Ed Camp es va teixint i construint una xarxa de capital professional, que és el factor determinant de tota transformació educativa, com demostren Hargreaves i Fullan (2014).

Primer repte: saber assumir els canvis externs

El professorat ja no pot quedar-se al marge ni quedar-se esperant el que altres decideixin. Ja hem vist l'amenaça que representa el *machine learning* i la taylorització del *teach to the test*. És hora que el professorat passem a construir capital professional com a responsabilitat col·lectiva, no com a individualitats, formant-nos amb rigor, anant més enllà de l'evidència, assajant noves experiències, compartint-les en xarxes i obrir-nos a les necessitats i prioritats de l'alumnat i de la societat. Avui més que mai, el professorat ha de decidir si forma part de la transformació i la innovació o si es conforma amb la rutina laboral i la sobreregulació que el va desqualificant a poc a poc fins a la fatiga i la frustració.

Tal com afirmava Jürgen Habermas (1987), la sobreregulació condueix a fenòmens com la despersonalització, la inhibició de les innovacions, la supressió de la responsabilitat i l'immobilisme. És just el que ha provocat el paradigma neoliberal en els països angloamericans i el que es pensava implantar a Espanya amb la sobreregulació taylorista de la LOMQE (2013).

Noves eines, com els Ed Camps, les xarxes de professors, el pensament divergent, el *design thinking*, els seminaris de futur o els intercanvis amb experts, aportaran un sentit diferent d'apoderament i assertivitat al professorat. De fet, ja està en marxa una onada de canvi educatiu definida des de baix pel professorat més inquiet i actiu. Sense el seu pensament crític i divergent, el sistema educatiu quedaria immobilitzat en un estancament més amarg i corrosiu del que tenim.

La taula 1 planteja quines són les amenaces i oportunitats que presenta l'entorn extern i quines són les fortaleses i debilitats que té l'escola com a institució heretada que ha de fer front als desafiaments de la societat del coneixement. La meva hipòtesi és que els centres i professors innovadors que lideren l'onada de canvi educatiu han demostrat una bona capacitat d'entomar les oportunitats que ofereixen els canvis socials externs i fer-les coincidir coherentment amb les fortaleses intrínseques de l'escola. Potser aquesta és la raó del seu èxit i la seva consistència. No són flors d'un dia. La LOMQE està condemnada a morir, però l'actual onada de canvi educatiu es queda. I cada cop serà més forta si sap defensar les fortaleses des de les oportunitats.

Les amenaces de l'entorn són múltiples, complexes i molt travades, però, justament, la bona educació serveix per enfrontar-s'hi i fer-les reversibles, donant lloc a persones més compromeses i apoderades. La mala educació, en canvi, serveix per adaptar-se a l'entorn existent sense aspirar a canviar-lo o millorar-lo. Sabem que vivim una nova era, anomenada *societat del coneixement i del risc*, que els sociòlegs ja van perfilar amb anticipació (Sther, 1994; Beck, 1998; Castells, 1998; Bauman, 1999; Sennet, 2006).

Una època caracteritzada per la ruptura del pacte social keynesià, sense un recanvi en forma de nou contracte social, amb més anomia, individualisme i pèrdua de la comunitat, en què les desigualtats socials es polaritzen per la renúncia dels Eestats a enfortir polítiques fiscals, redistributives i d'equitat (Piketty, 2015; Stigliz, 2014). Una època hiperpostmoderna que ha relativitzat el sentit de la veritat, la bellesa i la raó, estenent la superficialitat cultural i la banalitat mediàtica, amb més capacitat de manipulació i de construcció de postmentides creïbles per part d'una població més atemorida, aprensiva i emocionalment vulnerable (taula 1).

No disposem d'una institució més potent, democràtica i eficaç que l'escola per respondre a tota aquesta allau d'amenaces i problemes. Ens hem de preguntar si escoles i instituts han d'adaptar-se passivament a aquest nou entorn tan complex o si la seva funció educadora consisteix a qüestionar-lo, a corregir-lo i a transformar-lo. Avui, la funció educadora ha de ser contracultural, ha d'anar a la contra d'estructures i significats dominants que són lesius i regressius, com l'individualisme possessiu, la crueltat entre iguals, la naturalització de la desigualtat i el sexisme o la pèrdua dels llaços comunitaris i solidaris. Eduquem per a la vida d'avui, però també per a un futur més humanitzat, col·laboratiu i ètic, que haurà de fer front a l'amenaça posthumana dels robots i les màquines intel·ligents (Martínez-Celorrio, 2017*b*).

Taula 1. La cruïlla de l'escola en la societat del coneixement.

Factors socials externs	Amenaces	• Manca de grans pactes i consensos. • Anomia pels canvis accelerats i múltiples. • Creixent desigualtat social polaritzada. • Febles polítiques redistributives i d'equitat. • Individualisme i pèrdua de la comunitat. • Superficialitat cultural i banalitat mediàtica. • Postmentides i més manipulació-control. • Microdominacions i vulnerabilitat emocional.
	Oportunitats	✔ Centralitat de l'aprenentatge i la creativitat. ✔ Cosmopolitisme i interculturalitat pluralista. ✔ Docents com a intel·lectuals transformadors. ✔ Nous recursos digitals d'aprenentatge obert. ✔ Actuar i treballar en xarxes col·laboratives. ✔ Visions globals, inter i transdisciplinàries. ✔ Més democratització de les decisions. ✔ Decisions a partir d'evidències i recerca.
Factors escolars interns	Fortaleses	✔ Ser un sistema públic, universal i gratuït. ✔ Ser difusora de la cultura pública comuna. ✔ Ser un espai de custòdia i socialització. ✔ Poder neutralitzar les desigualtats socials. ✔ Ser un espai rigorós de pensament i crítica. ✔ Ser un espai estimulant per al creixement vital. ✔ Ser un pilar estructurador de la comunitat.
	Debilitats	• Insuficient inversió pública (2,8 % PIB). • Pèrdua de legitimitat com a difusora cultural. • Currículum enciclopèdic amb llibres de text. • Individualisme docent i didàctica tradicional. • Avaluació reproductora de les desigualtats. • Escàs aprofitament de l'escola digital. • Manca de lideratge públic del canvi educatiu. • Manca de corresponsabilitat de la societat.

Font: elaboració pròpia.

Per aquesta raó hem de definir i clarificar les oportunitats que ens ofereix la societat del coneixement i del risc, tot vinculant-les a les fortaleses funcionals que ja té l'escola i que queden massa latents i implícites. No hi ha millor manera de fer-les encara més robustes. De fet, partim d'un avantatge amb què hem de saber jugar. La centralitat estratègica que passa a ocupar l'aprenentatge i la creativitat és la gran oportunitat històrica que té l'escola per transformar-se, però s'ha de saber jugar amb aquest avantatge.

Com ja hem indicat, l'aprenentatge és el mineral o tresor més preat que nodreix d'energia i riquesa l'economia i la societat del coneixement. És el petroli del segle XXI i els seus jaciments són les escoles i el professorat. L'economia de països com Corea del Sud, el Regne Unit, Holanda, els Estats Units, el Japó i Suècia es fonamenta en l'ús intensiu de coneixement i tecnologia, amb xifres superiors al 75 % del seu PIB. En el cas d'Espanya, el 54 % del seu PIB es basa en el coneixement (Abaco, 2012), de manera que acumula un retard considerable respecte als països més avançats pel predomini del seu model productiu basat en el turisme, la construcció i sectors de baix valor afegit.

El coneixement posseeix avui una importància equivalent a la que, en altres moments de la història, va tenir la terra, els béns de capital i la tecnologia. La nova font de creació de riquesa és el coneixement, que crea el valor afegit dels productes, les tecnologies i els serveis oferts en el mercat global. La manufactura i la fabricació material-manual perden pes en favor de les activitats simbòliques, cognitives i intel·lectuals que capaciten per crear i produir valor afegit.[4] En coherència, s'ha llençat el discurs i el relat de la societat del coneixement

4. Per fer-nos-en una idea, el 0,6 % del preu que paguem per un iPhone 7 és per cobrir el cost del muntatge dels components, el 26 % és per pagar els materials i components fabricats per tercers i la resta, el 73 %, és per cobrir les despeses intangibles associades a la patent tecnològica, l'enginyeria, la imatge de marca, el màrqueting, la xarxa comercial i la resta d'activitats basades en coneixement (*brain workers*).

i de l'aprenentatge amb tota la retòrica dels governs per la millora educativa ben encarnada per la Unió Europea en la seva Estratègia de Lisboa 2010 i la posterior Estratègia 2020. Amb això s'entén la febre fetitxista pels rànquings PISA.

Però allò més rellevant és que, per primer cop en la història, s'hi dona una triple coincidència, tal com assenyalava Juan Carlos Tedesco (1995): les exigències i capacitats per ser ciutadà, per ser treballador productiu i per desenvolupar-se com a persona són les mateixes i són intercanviables. La nostra capacitat per prosperar dependrà de la nostra capacitat per aprendre i desenvolupar competències laborals, socials i culturals. Allò que realment importa és saber què s'ha de fer amb els coneixements adquirits i poder crear noves solucions, eines i tecnologies tant en la vida laboral com en la vida social, política i cultural. Per aquest motiu, aprendre implica augmentar la nostra capacitat creativa com a individus, com a grups i, també, com a col·lectivitat. La creativitat és l'aplicació innovadora d'habilitats i coneixements per tal d'assolir un objectiu valuós. Ser creatiu implica reunir les següents capacitats (Bantley, 1999):

- la capacitat de formular nous problemes en lloc de dependre dels altres per definir-los;
- la capacitat de centrar l'atenció i concentrar-se en la consecució d'un objectiu;
- la capacitat de reconèixer que l'aprenentatge és un procés incremental que comporta la comissió d'errors;
- la capacitat de transferir el que s'aprèn d'uns contextos a altres.

El subjecte creatiu que aprèn encarna l'ideal il·lustrat del *sapere aude*. El gran desafiament és organitzar escoles qualificants i capacitadores de la creativitat, que estimulin el gust per aprendre. Ken Robinson, en la seva obra *Escoles creatives* (2016), desenvolupa les idees que presenta en les seves famoses conferències i els seus vídeos defensant l'educació artística i emocional com a fonament de la creativitat i del pensament disruptiu. Professors i escoles han de transformar-se i reinventar-se com un entorn creatiu i desafiant per als alumnes, que produeix aprenentatges rellevants que fan canviar o millorar el que som, el que pensem, el que creiem i el que fem. Escoles que parteixen d'un nucli curricular universal, però fent una lectura cosmopolita i intercultural del patrimoni i la realitat històrica, filosòfica, científica i artística, no pas una lectura eurocèntrica o nacionalista, com sol passar en l'escola tradicional.

Segon repte: saber deliberar una nova agenda reflexiva

Si l'aprenentatge i la creativitat resulten tan medul·lars en el sorgiment i la configuració de la societat del coneixement, per lògica intrínseca tenir el professorat passa a un rol socialment privilegiat, ja que és el responsable de dissenyar, produir i distribuir l'aprenentatge dels ciutadans, estimulant alhora la seva capacitat creativa, crítica i transformadora. En el nou entorn, els docents poden actuar com a intel·lectuals transformadors i creatius que saben treballar en projectes globals, inter i transdisciplinaris, que prenen les decisions pedagògiques basant-se en evidències i en la recerca, que aprofiten i desenvolupen ells mateixos nous recursos digitals i noves metodologies i que formen part de xarxes col·laboratives i horitzontals de capital professional.

Malauradament, el professorat sotmès a l'estandardització neoliberal del *teach to the test* ha estat neutralitzat com a grup innovador i com a alternativa transformadora, tal com se'n queixava Hargreaves (2003). A Catalunya i Espanya estem expectants sobre com serà la resposta del professorat, especialment de secundària; a favor, en contra o indiferent a l'onada de canvi educatiu que es va articulant. En tot cas, l'exercici reflexiu pendent que han de fer centres, professors, famílies i resta d'actors educatius se centra en:

a) Com cal fer-se conscient i consensuar les amenaces de l'entorn que cal per revertir i sobre les quals cal intervenir amb un nou propòsit educador, sense negar-les o esquivar-les per part de l'escola, el professorat i els polítics-decisors (vegeu la taula 1).
b) Com cal optimitzar les oportunitats que ofereix el nou entorn, reafirmant i modernitzant les fortaleses funcionals que té l'escola i l'institut com a part d'un sistema públic, universal i gratuït; com a difusors de la cultura pública comuna; com a espais de custòdia i socialització; com a espais que poden neutralitzar les desigualtats socials; com a espais de pensament i crítica; com a espais estimulants pel creixement vital, i com a pilars estructuradors de la comunitat. Com ja hem dit, cal defensar i reinterpretar les fortaleses des d'un bon aprofitament de les oportunitats.
c) Finalment, com cal no resignar-se ni deprimir-se en una fatalitat paralitzant, a causa de les debilitats sistèmiques de l'escola que condicionen els processos educatius. La llista és llarga i inclou la insuficient inversió pública, que és del 2,8 % PIB a Catalunya (Martínez-Celorrio, 2016*a*), la pèrdua de legitimitat de l'escola com a difusora cultural, el currículum enciclopèdic i memorístic, l'individualisme docent, la didàctica tradicional, l'avaluació reproductora de les desigualtats, l'escàs aprofitament de l'escola digital, la manca de lideratge públic del canvi educatiu i la manca general de corresponsabilitat de la societat envers el seu sistema que finança i utilitza.

Certs aspectes de les debilitats sistèmiques requereixen protestar i mobilitzar-se, però n'hi ha d'altres de caire pedagògic i docent que depenen del compromís transformador o reproductor del professorat. De la mateixa manera que ens trobem amb advocats que es fan laboralistes i altres que defensen grans interessos privats i corporatius, el professorat ha de prendre partit: o reforça les debilitats sistèmiques amb el seu immobilisme conservador, o bé aprofita les oportunitats per reinventar-se com a professional compromès i com a intel·lectual transformador. Metabolitzar les oportunitats que ofereix la societat del coneixement i donar un nou sentit valuós a les fortaleses funcionals de l'escola. Aquesta ha de ser la vocació i l'exigència social per ser mestre.

El més negatiu és quedar-se impassible davant els canvis externs i permetre que les grans corporacions privades facin negoci del currículum i l'avaluació de les escoles, impostant un taylorisme educatiu que sempre serà difícil de superar un cop instituït. Aquesta és la denúncia que fa Pasi Sahlberg (2014) quan parla de l'extensió internacional de l'anomenat Moviment Global de Reforma Educativa (GERM: Global Education Reform Movement), basat en el taylorisme escolar, els rànquings d'escola i la febre per fer revàlides i tests continuats sobre paquets curriculars tancats. Una gàbia de ferro, que diria Max Weber, que fa impossible pensar l'educació d'una altra manera i resignar-se a reproduir una escolàstica injusta i ineficaç.

Immanuel Kant va proclamar el 1784 que l'esperit de la Il·lustració era pensar per un mateix, desfent-se de paternalismes, tuteles i poders dominadors que han mantingut la humanitat en la minoria d'edat, en la foscor o en la dependència. Avui, no podem mantenir una actitud de conformitat i adaptació acrítica al sistema educatiu. Hem de reconèixer les seves fortaleses i debilitats tenint ben present el nostre paper de servidors públics. Per poder emancipar-se i repensar el per a què, el què i el com cal educar, el professorat necessita «pensar fora de la caixa» (*think out of the box*), alliberant-se de les servituds, les dependències i el conformisme adaptatiu que s'han adquirit després de molts anys modelats per la rutina burocràtica del dia a dia. I per sortir i pensar fora de la caixa, convé tenir present quines són les noves condicions d'educabilitat dels nostres alumnes. Això implica adoptar perspectiva sociològica.

Noves condicions d'educabilitat que hem d'atendre

El per a què educar ha estat, a casa nostra, un debat xamànic sobre valors categòrics i idealitzacions. És a dir, un debat centrat en categories absolutes i normatives, però sense tenir en compte com són i què necessiten les noves generacions, quina societat i cultura els deixem en herència o quina governança i quines relacions de poder volem que desenvolupin ells quan arribin a ser adults. Un debat xamànic que no ha tingut en compte ni les evidències ni la recerca per saber per a què educa el nostre sistema; en lloc de centrar-se en la realitat i capturar la seva complexitat per ordenar-la i acabar acordant bones polítiques concretes i mesurables.

Juan Carlos Tedesco (2002) deia que el context social opera en molts casos com un obstacle que limita la potencialitat d'aprendre. Ens hem de preguntar quin nou context de socialització estem oferint a les noves generacions i del qual deriven les condicions d'educabilitat sobre les quals el professorat ha de dissenyar la seva intervenció educadora i organitzar les condicions generadores d'aprenentatge. El professorat sap per intuïció i per experiència que han canviat les condicions d'educabilitat de nens, adolescents i joves, però no ha posat gaire en comú les seves visions, els seus dubtes i les seves reflexions des d'una perspectiva sociològica. És hora de fer-ho.

Pèrdua de l'atenció dels alumnes i risc de descens cultural

Amb la globalització i la interconnexió de fluxos culturals a escala mundial, les etiquetes i perfils generacionals són les mateixes a tot arreu. En l'era digital podem diferenciar dues generacions juvenils: els *millennials* (nascuts entre 1980-1994) i la generació Z (nascuts entre 1994-2010), tot i que resulta inaprehensible fixar bé els talls generacionals. Els de la generació Z (o gen Z o *centennials*) són els veritables nadius digitals, que mostren més dependència tecnològica que els *millenials* (Atrevia-Deusto, 2016). Els de la generació Z han crescut des de ben petits entre pantalles i són els fills més joves de la cultura líquida teoritzada per Zygmunt Bauman. Comparteixen moltes característiques amb les generacions precedents dels *millennials*, però se'n diferencien pels següents trets singulars:

a) S'estan socialitzant en un nou context de depressió econòmica, canvi climàtic, terrorisme internacional i augment de la desocupació i de les desigualtats. Són realistes, bastant menys optimistes que els *millennials*, desconfiats i més rebels o irreverents.
b) Utilitzen els nous dispositius i xarxes digitals com a promotors de la seva identitat en la vida quotidiana i com a espais clau de socialització emocional i afectiva, i eliminen l'ús de formats com el llibre i la televisió.
c) Són autodidactes, curiosos, creatius i sobreexposats a una informació creixent, desjerarquitzada i contradictòria, i atorguen més autoritat a Google o Youtube que als seus pares i professors.
d) Són crèduls, relativistes i atenen el que digui qualsevol que aparegui a Internet, sense tenir l'habilitat de destriar la veritat de la falsedat i la bona o mala informació.
e) Són més crítics, més altruistes i més polititzats que els *millennials*. Molt sensibilitzats amb el canvi climàtic i amb causes humanitàries. Són tolerants amb la diversitat racial i sexual. Desconfien de la política tradicional i estan compromesos amb canvis innovadors.
f) Prioritzen les necessitats afectives, intel·lectuals i d'autorealització personal abans que l'estatus econòmic i l'afany de possessió i afluència material.[5]
g) Necessiten sentir-se autònoms però els satisfà col·laborar en grups per crear i resoldre desafiaments. El treball tradicional els avorreix, ofega i limita.

5. L'*affluenza* o afluència és un neologisme que denuncia la pressió per posseir més i fer consums sumptuaris per tal de mantenir el tren de vida i l'estatus de classe mitjana, que produeix addicció al consum, ansietat i endeutament (James, 2008).

Per certs autors, l'extrema dependència d'estar connectats fa que els nous adolescents i joves pensin, sentin i interactuïn d'una manera diferent de les generacions precedents. Segons l'estudi *Coming of age on screens* (2015) el 70 % dels joves enquestats entre 13 i 24 anys de 13 països manifesten que necessiten estar permanent connectats. La seva principal angoixa és la por a estar desconnectats, a no tenir wifi o a quedar-se sense bateria dels seus mòbils (síndrome *fob*: *fear of being offline*). El 53 % dels nois i noies entre 16 i 22 anys dels Estats Units manifestava en una enquesta que preferiria perdre el seu sentit de l'olfacte abans que el seu accés a l'ordinador o el seu telèfon intel·ligent.

Per certs autors com Nicholas Carr en la seva obra *Superficials* (2010), cal fer un balanç més aviat pessimista sobre la forma de socialització de les noves generacions. Prefereix posar en relleu característiques gens positives dels nadius digitals: a) la seva superficialitat cultural i gustos banals; b) la seva forta Google-dependència; c) la falta de concentració, de lectura i d'argumentació, i d) la manca d'assertivitat i autonomia amb baixa resistència a la frustració. Ignoren i no poden imaginar que va existir un món sense connexió. Són impacients i volen respostes ràpides, consumeixen impactes i flaixos sempre evanescents i són monosil·làbics a l'hora de parlar. El professorat no pot ser apocalíptic i emfatitzar els dèficits dels alumnes com una queixa. La raó de ser del professorat és resoldre i fer revertir aquestes deficiències per convertir-les en noves capacitats i potencialitats positives. Aquesta és l'alquímia de l'ensenyament, que està entrant en un curtcircuit.

Tal com diu Fernández-Enguita (2015), avui en dia, l'escola, el professorat i el llibre de text estan perdent el més important privilegi de què gaudien: l'atenció de l'alumne. Els estudis en economia de l'atenció conclouen que l'excés d'informació fa consumir i minimitzar l'atenció del seus receptors (Lahnham, 2006). L'atenció de l'alumne està abduïda per les xarxes digitals i el seu mòbil, no pas per uns continguts escolars forçats i desmotivadors. Si la jornada escolar és compactada pels matins, amb un carrusel d'assignatures que no es relacionen entre elles, lliçons magistrals i exercicis sense entendre el significat, queda clar que la capacitat d'atenció i concentració dels alumnes cau sota mínims. Com mostren algunes recerques, l'alumnat està present a l'aula, però desconnectat, està fent «no escola» dins l'horari escolar (Dussel, 2011).

El pitjor de tot és que els nens i adolescents d'avui no gaudeixen d'una escolarització en què les TIC i els mòbils estiguin ben incorporats amb normalitat en les seves tasques escolars. Davant la negativa de l'escola a fer-ho, acaben practicant un mal ús autodidacte, superficial, poc creatiu i, en molts casos, addicte a les pantalles amb consums banals. Aquesta llista resumida de característiques generacionals són pinzellades de les condicions d'educabilitat genèriques sobre les quals cal reflexionar.

A la pèrdua de l'atenció hi hem d'afegir un segon punt crític que és menys visible. Es tracta del descens educatiu i cultural dels joves amb relació al nivell educatiu dels seus pares. La taula 2 visualitza com les desigualtats d'entrada a l'escola són teòricament neutres per a la cultura escolar ja que funcionen sota una lògica meritocràtica –ben qüestionada des de la sociologia–, en què només importa i es valora la intel·ligència i l'esforç individual per assolir l'èxit escolar.

Taula 2. Mobilitat educativa intergeneracional entre joves de 28 a 34 anys a Catalunya (Enquesta a la Joventut, 2012).

Desigualtats socials i culturals d'origen	⇨	Funcionament meritocràtic de l'escola ??? – Currículum – Pedagogia – Avaluació – Acció docent	⇨	Ascens educatiu i cultural	43 %	– Des de bàsics (34 %) – Des de secundaris (9 %)
				Reproducció educativa i cultural	35 %	– Amb bàsics (11 %) – Amb secundaris (8 %) – Amb superiors (16 %)
				Descens educatiu i cultural	22 %	– Cap a bàsics (15 %) – Cap a secundaris (7 %)

Font: elaboració pròpia a partir de Martínez-Celorrio i Marín (2013).

La taula 2 ens mostra una altra mirada per copsar l'èxit escolar real que produeix el sistema a casa nostra. L'èxit real s'ha de circumscriure al 43 % global d'ascens educatiu i cultural sobre el nivell educatiu dels pares. Si el desglossem, el 34 % global de resultats són d'ascens educatiu des d'orígens socioculturals baixos i un altre 9 % d'ascens partint d'uns pares amb estudis secundaris. Aquest 43 % d'ascens educatiu és l'èxit tangible del sistema. En canvi, ni el 35 % global de reproducció del mateix nivell educatiu familiar ni el 22 % global de descens educatiu –amb un nivell inferior al dels pares– són dos casos d'èxit real del sistema. Són especialment lesius dos resultats del sistema:

a) la reproducció cultural que el sistema aplica sobre l'11 % global de joves que tornen a tenir un baix nivell educatiu com el dels seus pares, i
b) el 15 % global que és de descens educatiu cap a un nivell d'estudis bàsics, malgrat provenir de famílies amb estudis secundaris o superiors.

El primer reprodueix el cercle tancat inferior, força estudiat per la sociologia de l'educació, mentre que el segon exemplifica la contraproductivitat sistèmica a què al·ludia Ivan Illich: malgrat l'augment d'inversions, el sistema produeix menys aprenentatge i despossessió negativa. La pèrdua de l'atenció dels alumnes i la crisi funcional de l'escola, que ignora les noves condicions d'educabilitat poden desembocar en un augment del risc de descens educatiu i cultural. Justament, tot el contrari del que s'espera del sistema i la missió elevadora que hauria d'acomplir en plena societat del coneixement. Convé preguntar-nos, doncs, si la matriu i el format escolar tradicional està a l'altura de les necessitats i els riscos que manifesta la nova generació d'alumnes.

Esgotament del model tradicional i noves funcions socials

Moltes escoles, instituts i professors ja veuen que la matriu pedagògica tradicional no funciona ni és vàlida. No té sentit seguir un currículum tancat, lliçó per lliçó, amb presses i molta reiteració de continguts àrids i desconnectats de la vida real. La sensació dels cursos superiors és que no s'han assentat bé els aprenentatges troncals en els cursos inferiors i s'acaba fent el que es pot, alimentant una roda de contraproductivitat sistèmica amb poc aprenentatge real. D'aquí sorgeixen les acusacions típiques sobre el «descens del nivell» i la manca d'actitud dels alumnes, fins i tot dels que tenen més potencial.

Només el 2 % dels resultats de PISA de matemàtiques s'expliquen per les actituds dels estudiants cap a l'escola en 62 països (Lee, 2016). Això significa que els estudiants bons acadèmicament no valoren massa la seva escolarització. De forma similar, els estudiants menys bons no tenen necessàriament una mala opinió sobre la seva escolarització. Simplement no hi ha connexió. L'escola no desperta ni motivació ni passió per aprendre. Una altra recerca basada en PISA suggereix que el que separa els estudiants bons dels menys bons són les seves pròpies creences respecte a les seves fortaleses i debilitats (Lee, 2014).

Les variables psicològiques individuals com la autoeficàcia, l'ansietat o el plaer d'aprendre en si mateixes expliquen entre el 15 i el 25 % de la variació en els resultats acadèmics dels estudiants (Lee, 2014). La recerca demostra que les creences pròpies dels estudiants en les seves pròpies capacitats són molt més importants que la seva pròpia percepció de l'escola. Si les creences positives de la seva pròpia vàlua venen de si mateixos o de les seves famílies i aquestes correlacionen amb l'origen social, quin paper hi juga l'escola per apassionar i convèncer del que són capaços de fer i assolir els seus estudiants? Quina mena de connexió estableix l'escola i el sistema amb l'alumnat?

El professorat de primària i de secundària sap que cal tenir un projecte i que cal arribar de forma col·legiada a construir-lo tenint en compte les noves condicions d'educabilitat a les quals han de respondre. Saben que la pèrdua de la seva autoritat i de la bona convivència als centres estan disparant els casos d'anomia en forma de *bullying*, boicots, irreverències i resistències antiescola, i augmenten com mai les faltes i sancions disciplinàries. Cal recuperar el vincle educador amb els nostres alumnes, tenint ben present que resulta molt més difícil capturar i centrar l'atenció i concentració de les noves generacions digitals.

La recerca està demostrant que el fet de sentir-se emocionalment ben vinculat al centre és més determinant en l'èxit escolar que no pas el rendiment acadèmic (Tarabini, 2015; Escudero i Muñoz, 2012). La desvinculació emocional dels alumnes acaba traduint-se en desconnexió educativa i les repeticions i abandons serien la punta d'un iceberg molt més profund de desafecció i apatia que cal prevenir i fer revertir amb un nou paradigma d'escola i d'aprenentatge.

Els símptomes d'un model pedagògic esgotat

Quasi el 30 % dels alumnes espanyols de primària més grans de 8 anys i quasi el 60 % dels alumnes de secundària fins als 16 anys manifesten que no els agrada estudiar tal com dicta l'escola (Fundación Antena 3, 2010). Entre els qui suspenen de forma habitual, el rebuig a la tasca d'estudiar creix fins al 50 % a la primària i el 75 % en secundària.

Als Estats Units, una recerca amb 22.000 estudiants feta pel Yale Center for Emotional Intelligence el 2015 mostrava que el 75 % dels qualificatius que feien servir per definir com se senten a l'escola van ser negatius. Les tres principals emocions que sentien els estudiants van ser cansament (39 %), estrès (29 %) i avorriment (26 %). En canvi, les tres principals emocions que els estudiants van dir que volien sentir a l'escola eren ser feliços, estimulats i desafiats. La bretxa entre allò que ara senten els estudiants i com voldrien sentir-se a l'escola és tot un senyal urgent d'alarma i d'anomia educativa.

En una recerca amb 2.000 estudiants de batxillerat enquestats i observats sobre com es comporten davant professors que expliquen una lliçó magistral, Richard Wells (2016) destaca els següents resultats:

- el 25 % dels alumnes estan activament desconnectats;
- un altre 25 % estan passivament desconnectats;
- un altre 20 % intenten escoltar i seguir el ritme del professor, però no entenen el que explica ni pregunta;
- un altre 15 % atenen la lliçó, però no s'atreveixen a demanar aclariments;
- un altre 10 % estan intrínsecament interessats en la lliçó, i
- el 5 % restant ja saben la lliçó del professor.

Fernández Enguita (2016) també recull diverses recerques sobre l'escassa capacitat estimulant que té l'escola, que arriba, en certs casos, a un 65 % de respostes d'avorriment i desinterès. Michael Fullan (2012) mostra els resultats d'una enquesta, en què, als 5 anys d'edat, el 95 % dels nens diuen anar molt feliços a l'escola bressol, però al novè any d'escolarització (el nostre 3r d'ESO) aquesta emoció es redueix al 37 % dels alumnes.

Com demostra Ken Robinson (2016), les escoles són institucions especialitzades a anul·lar la creativitat i el pensament divergent infantil, com si fossin una escala que, a mesura que s'hi puja, fa perdre el plaer i el gust per aprendre, descobrir i crear. La imposició d'un currículum prescrit i unes didàctiques transmissores serien un exemple de violència simbòlica que ens inculca relacions de poder (Pierre Bourdieu) i ens ensenya la dependència de ser ensenyats en allò que dicta l'escola sense gaire lloc per a la motivació intrínseca i l'aprenentatge autònom (Ivan Illich).

Fins i tot, la recompensa extrínseca de l'escolaritat, que consisteix a assolir titulacions terminals, comença a perdre valor d'intercanvi. Grans companyies com Google, Ernst & Young o Penguin Random House ja han renunciat a seleccionar personal en funció de titulacions i expedients acadèmics que no expliquen ni prediuen les capacitats i competències per ocupar els llocs de treball. Justament són les competències no cognitives com la iniciativa, el treball en equip, la persistència, la col·laboració, la creativitat i les habilitats socials les més sol·licitades i les menys promogudes per l'actual model d'escolaritat i de currículum, tant a la secundària com a la Universitat. Com que són qualitats personals adquirides en el currículum ocult de les famílies i del seu capital social i cultural, la seva demanda en el mercat de treball deixa en desavantatge als fills de les classes socials més modestes, que tan sols poden aportar allò après a l'escola, amb més o menys èxit.

L'erudició i l'aprenentatge memorístic, que ara ja fan els robots millor que nosaltres, no han de ser la base del sistema educatiu, sinó l'aprenentatge competencial i l'avaluació formativa. Ja no té cap sentit reproduir pedagogies transmissores i avaluacions que classifiquen en la jerarquia de valor acadèmic, que ja no és el barem funcional requerit per la societat. Ha fet la seva funció i ja no serveix ni a primària ni a secundària, mentre que va agonitzant lentament en l'educació superior. En tot cas, el sistema acadèmic de poder creat a les universitats medievals i que ha colonitzat tota la resta del sistema educatiu i les identitats docents de la secundària (Bourdieu, 2013; 2012) és un sistema en situació terminal, però amb una forta inèrcia conservadora, inherent al seu pes i densitat històrica. Sembla evident que el sistema acadèmic de poder ja no pot condicionar durant més temps la cultura escolar de la nostra secundària.

Com diu Fernández-Enguita (2015), el professorat pot vèncer, però ja no pot convèncer si continua amb el paradigma *old-school* com un dogma inamovible o com si internet fos un ens estrany aliè a l'escola i la seva autoritat. Tenim alumnes del segle XXI a escoles que fan servir mètodes i llibres de text adequats per a una societat industrial que ja ha deixat d'existir. És molt injust, ja que, tal com diu Jordi Musons, avui ningú no va a un dentista que utilitza materials i eines del segle XIX, entre altres coses, perquè no estaria habilitat per exercir la professió. Però fem just això amb les noves generacions: reproduir una matriu i un format escolàstic que està esgotat i caducat, però que l'alumnat accepta de mala gana per les titulacions que dispensa mentre no n'hi ha d'altre.

Tot això ens encamina a redefinir les funcions socials de l'escola i l'educació. Històricament, l'escola, a tot arreu, ha complert amb quatre grans funcions socials: la funció de transmissió cultural, la funció de socialització civicopolítica, la funció econòmica per generar capital humà i la doble funció equitativa i reproductora de les desigualtats. Totes elles són simultànies i s'interrelacionen, malgrat no ser percebudes per igual des del punt de vista dels actors socials.

Les funcions socials més manifestes o explícites han estat la funció cultural i la civicopolítica. La primera és emfatitzada pel mateix professorat i el món acadèmic, mentre que la segona té múltiples defensors polítics, sindicals i civils que emfatitzen la ciutadania i les virtuts democràtiques. Menys visibles, però igual de transcendents, són la funció econòmica, d'interès per al món empresarial, i la doble funció equitativa i reproductiva amb què l'escola processa les desigualtats socials d'origen. No hi ha cap altra institució tan multifuncional com l'escola ni tan estratègica per definir com és i serà la nostra societat. És per això que són molts els interessos i les relacions de força que dificulten un debat serè, argumentat i amb evidències de recerca sobre les seves funcions.

Taula 3. Les funcions socials de l'escola al nou segle.

Funcions manifestes	
1. Funció cultural Universalitzar sabers i competències per crear, compartir i gaudir les arts, les humanitats i les ciències.	**2. Funció civicopolítica** Apoderar una ciutadania democràtica més activa i col·laborativa que es reconeix en diversitat i sap resoldre conflictes.
Funcions latents	
3. Funció econòmica Incrementar la productivitat i elevar el nivell general de coneixements per a una economia competitiva, més justa i sostenible.	**4. Funció equitativa** Afeblir l'herència social de la desigualtat i redistribuir noves oportunitats vitals per a l'ascens social i cultural en equitat.

Font: elaboració pròpia.

La llei d'Émile Durkheim, segons el qual tant els continguts culturals transmesos com les pràctiques pedagògiques sempre tenen relació amb les necessitats funcionals de la societat en cada moment històric, es va acomplint a poc a poc en plena societat del coneixement. El desajust i la pèrdua de legitimació del paradigma *old-school* corre en paral·lel amb les transformacions socials, culturals, polítiques i econòmiques del nostre entorn macrosocial.

És cert que el ritme de velocitats és diferent i el de l'escola és més lent, però és inevitable reformular les funcions socials que volem que assumeixi i instrumentar totes les mesures per fer-les efectives i viables. Al meu entendre, cal reformular els quatre pilars funcionals tradicionals en aquesta direcció:

- Transmetre el gust i l'afició a les arts, les humanitats i les ciències per saber compartir-les, crear-les i elevar el nivell cultural i de benestar.
- Apoderar una ciutadania democràtica i més col·laborativa, que tendeix a la insolidaritat i a l'encapsulament amb els seus iguals (*bonding*).

- Adquirir la capacitat d'aprendre a aprendre per no ser expulsat pels cicles econòmics i aprendre a treballar en una economia més competitiva i global, ajudant a transformar-la perquè sigui més justa, més redistributiva i més sostenible.
- Afeblir la funció selectiva de l'escola segons les condicions d'origen social, universalitzant l'adquisició de competències clau i redistribuint noves oportunitats vitals per a l'ascens social i cultural en equitat.

Aquesta és una relectura actualitzada de les quatre funcions que ha d'acomplir el nostre sistema des d'un nou impuls modernitzador i entusiasta. L'estat de desànim, ambigüitat i indecisió que ara immobilitza el sistema és responsabilitat de la mediocre governança que ha acabat contagiant una actitud fatalista i resignada entre bona part del professorat. La batalla no està perduda. Ni tan sols s'ha lliurat encara, fins que el professorat no s'impliqui a canviar de llenguatge i de perspectiva per omplir de contingut una agenda de canvi.

Això implica augmentar el nivell de debat i anàlisi amb un professorat reflexiu que sap identificar les amenaces i oportunitats que envolten les condicions d'educabilitat. Serà la millor manera per revaloritzar i posar al dia la fortalesa i funcionalitat pública de l'escola. Per això, el canvi innovador liderat per una minoria activa és un bon senyal que permet confiar en un nou sistema que sap *reevolucionar-se* tot superant, això sí, la matriu escolar tradicional que ja no dona més de si. Reevolució d'una nova matriu per a un sistema que ha d'aspirar a ser més potent, motivador, equitatiu i qualificant.

2. Innovació i canvi cap a un nou paradigma educatiu

L'escola ha d'ensenyar a llegir i escriure no només el codi escrit, sinó tots els codis que influeixen en els nens i nenes.

MARTA MATA

Vivim en una societat paradoxal que ens confon a l'hora de pensar-la. Per una banda, té una estructura molt polaritzada de poder i desigualtat social que queda camuflada. Per altra part, gaudim d'una inusual igualtat participativa, en què els subjectes som el centre de l'acció social i el motor dels canvis disruptius, tal com deia el sociòleg Ulrich Beck (1998). Vivim temps de modernitat reflexiva amb més intel·ligència col·lectiva, acumulada en les darreres dècades des d'una ciutadania més organitzada, formada, exigent i polititzada. El canvi i la innovació no només són la llei operativa de l'economia digital, sinó també una possibilitat oberta per transformar i remodelar les nostres institucions socials, culturals i polítiques. Altres anomenen això la *crisi de representació*.

La recerca d'Eric von Hippel (2005) destaca que els usuaris de productes i serveis suggerim i produïm més del 25 % de les innovacions de les empreses que després resulten viables en el mercat. És a dir, l'experiència d'usuari (o de ciutadà) fa possible que tot producte o servei sigui millorable i forci les empreses (o les institucions públiques) a obrir canals de col·laboració i de codecisió que abans eren inimaginables. La innovació s'ha democratitzat i la major intel·ligència col·lectiva provoca interessants sinapsis transformadores.

Els subjectes som el centre de l'acció social i reclamem més participació i codecisió en els assumptes públics. Els models de governança funcionarial i del *new public manegement* del recent passat ja no són acceptables ni viables. En substitució, va emergint a poc a poc un nou model de governança del valor públic i la innovació social, on diferents col·lectius de la societat participen i cogestionen la solució de grans o petits problemes mal gestionats o irresolts per les polítiques públiques (Lévesque, 2013; Eizaguirre i altres, 2012). A més, la innovació social es diversifica en àmbits com l'economia circular, la comunitarització de noves energies, l'urbanisme participatiu, les finances alternatives, la cultura *maker* o la tecnologia amb fins socials. A casa nostra és un paradigma quasi desconegut, però l'alta política i les elits dels països més avançats estan atents, donen suport i promouen el desenvolupament de la innovació social.[6]

La tendència a la participació, la codecisió i la cocreació de productes, serveis, solucions i consensos és el marc de fons en què hem de situar l'actual onada de canvi i innovació educativa. Tot i que encara no s'han entrecreuat la innovació social amb la innovació educativa malgrat les grans potencialitats i sinergies que es podrien crear. Tot arribarà. En aquest capítol, en primer lloc clarifiquem de quina innovació educativa estem parlant, diferenciant-la de la millora

6. En els últims anys, la Unió Europea ha destinat 50,2 milions d'euros a l'R+D en innovació social. En el cas dels Estats Units, el president Barack Obama va crear, el 2009, l'Oficina d'Innovació Social, adscrita directament a la Casa Blanca, amb un pressupost inicial de 50 milions de dòlars, als quals cal sumar 74 milions de dòlars de donacions privades. Entre els seus objectius destacava la necessitat de promoure nous lideratges comunitaris, noves formes de partenariat públic-privat i noves formes de servei públic implicant la comunitat. Una de les primeres mesures del nou govern del president Trump ha consistit a eliminar aquesta oficina.

educativa. En segon lloc, descrivim el que fan les escoles innovadores i les situem com a exemples de reestructuració genuïna decidida per les pròpies escoles. En tercer lloc, assenyalem com es fonamenten pedagògicament i com es basen cada cop més en evidències i recerca acumulada.

De quina innovació parlem? Un ecosistema de disrupció variable

El concepte actual d'innovació educativa amaga una polisèmia de significats que cal clarificar. El mateix concepte d'innovació ja ens desglossa tres significants: *in* ('introduir'), *nova* ('renovar el que existeix') i *ció* ('en procés'). Per tant, parlem de processos de canvi introduïts en la matriu de la cultura pedagògica i escolar que afecten el què, el com i el per a què s'ensenya i s'aprèn. L'escala, la profunditat i l'abast de les innovacions és àmplia i cada cop més difícil d'acotar i fer-la comprensible.

La taula 4 tracta de visualitzar i sintetitzar en una pàgina tota la diversitat d'innovacions i canvis que configuren un ecosistema ben viu, dinàmic i transfronterer. No pretén ser una llista exhaustiva, sinó d'agrupar nou àmbits en què classifiquem les principals tendències per copsar tant la grandària de l'ecosistema com la profunditat o no de la disrupció que representen.

Comencem amb les **innovacions tradicionals** que estan centrades en les innovacions didàctiques a l'aula. La més recent anàlisi descriptiva de la innovació didàctica en el conjunt d'Espanya sobre una mostra de 933 centres ens deia que està centrada en l'àrea de llengua i literatura, la millora de la convivència a l'aula i l'ús i perfeccionament de les TIC. El 85 % de les escoles implicades són públiques i el 15 % restant són concertades (Marcelo, 2008). Els centres que es presenten a convocatòries d'innovació didàctica són, sobretot, d'educació infantil i primària (52 %), per davant dels instituts

Taula 4. Ecosistema d'innovacions i canvis educatius.

1. Innovació tradicional	Innovacions didàctiques d'aula Educació emocional
2. Innovacions TIC-TAC	Recursos educatius oberts *Flipped learning* (aula invertida) Ludificació eTwinning 2.0 XarxaTIC
3. Noves pràctiques de referència	ABP Treball per racons o ambients Robòtica educativa Xarxes tutores
4. Programes oficials de renovació pedagògica	Xarxa de competències bàsiques Promoció de vocacions STEAM Innova FP Multilingüisme
5. Canvi educatiu genuí	Xarxa Escola Nova 21 (Catalunya) Xarxes per al canvi (Barcelona) Xarxa jesuïtes Horitzó 2020 (Catalunya) Xarxa Amara-Berri (País Basc)
6. Canvi educatiu prescrit	Escoles Magnet Comunitats d'aprenentatge
7. Canvi dissenyat	Innova (Perú) Summit Public Schools (Facebook) Ad Astra (Elon Musk)
8. Canvi sistèmic al territori	Escola a temps complert (Barcelona) iZone (Nova York)
9. Plataformes educatives	Expeditions (Google) NIIT-Sugatra Mitra (Índia) School of Everything (Gran Bretanya) Descomplica (Brasil) Khan Academy (Estats Units) Megastudy (Corea)

Font: elaboració pròpia.

d'educació secundària (43 %). Cal remarcar que les convocatòries oficials responen a un model tradicional d'innovació didàctica i restringida a l'aula que no acull ni promou l'experimentació educativa o el redisseny global del centre. En els darrers anys, l'educació emocional constitueix un dels continguts estrella d'aquest model d'innovació, que no qüestiona la matriu i el format tradicional d'escolaritat.

Un segon àmbit molt ric i heterogeni d'experiències les trobem en les **innovacions TIC-TAC-TEP**, centrades en els entorns digitals, les tecnologies d'aprenentatge i coneixement (TAC) i les d'apoderament i participació (TEP). Són un dels jaciments amb més potencial de creixement amb casos com els recursos educatius oberts, el *flipped learning* (aula invertida), la ludificació, els projectes eTwinning 2.0, recursos educaLAB del Ministeri o iniciatives pròpies com la XarxaTIC de professors catalans.

Un tercer àmbit reuneix les **noves pràctiques de referència** com l'aprenentatge basat en projectes/problemes (ABP), el treball per racons o ambients, l'educació lenta, la robòtica educativa o les xarxes tutores que van néixer a Mèxic i s'han expandit a Xile, el Canadà i Singapur.

Un quart àmbit serien els **programes oficials de renovació pedagògica** impulsats des de l'administració, en què destaquen, en el cas català, la xarxa CB de competències bàsiques, els programes d'impuls a la lectura, el programa de promoció de vocacions STEAM.cat, el programa InnovaFP, el programa #aquiproubullying, el multilingüisme o el banc de recursos CESIRE.

Un cinquè àmbit són els casos de **canvi educatiu genuí** que impliquen l'experimentació d'un redisseny global del centre, decidit i liderat pel professorat sense prescripcions externes. Aquí és on aflora una gran diversitat de corrents i tendències pedagògiques inspiradores, ja que no es tracta d'un canvi unívoc. Hi trobem des d'experiències úniques com l'escola de segona oportunitat El Llindar (Baix Llobregat) fins a escoles públiques i concertades organitzades en xarxa, com és el cas del model Amara-Berri (País Basc), la xarxa Escola Nova 21, les xarxes per al canvi de l'Ajuntament de Barcelona o la xarxa Horitzó 2020 dels jesuïtes de Catalunya. Donada la transcendència d'aquest àmbit, més endavant hi entrarem una mica més a fons.

En el sisè àmbit agrupem els casos de **canvi educatiu prescrit**, és a dir, induït i pilotat des de fora de les escoles per entitats externes (fundacions, centres de recerca, municipis, etc.). Aquí situem les comunitats d'aprenentatge i les escoles Magnet, dos models diferents d'actuació sobre escoles fallides i segregades en barris d'alta complexitat i pobresa. Ambdues són exemples d'escoles molt vulnerables que han acabat sense projecte i han pogut reflotar-se des de models prescrits de millora i de canvi.

Un setè àmbit correspon al **canvi dissenyat** per part de consultores que responen a encàrrecs privats de grans empresaris i corporacions que busquen nous models educatius. Seria el cas de les escoles Innova (Perú), una xarxa de 41 escoles privades per a la classe mitjana emergent –costen 150 dòlars mensuals–, dissenyat per la consultora Ideo després de recollir les necessitats de professors, estudiants i pares. Son escoles de nova planta amb una arquitectura moderna i disseny modular d'espais. El 70 % del temps treballen en equips amb reptes i projectes i el 30 % restant és de treball individual, i disposen d'un núvol amb 15.000 lliçons dissenyades i analítiques d'aprenentatge per la millora contínua. Són promogudes per un milionari peruà.

Un altre cas de canvi dissenyat serien les onze escoles pilot Summit Public Schools que la corporació Facebook ha creat a secundària amb un model d'aprenentatge digital autogestionat pels mateixos alumnes, que escullen els seus projectes personalitzats.[7] Altres exemples serien la xarxa Silicon Schools Fund a Califòrnia, l'escola Ad Astra, creada per

7. Cal recordar que Mark Zuckerberg, amb un patrimoni estimat en 40.000 milions de dòlars, va fracassar abans amb el projecte d'escoles públiques de Newark, al qual va donar 100 milions (*Business Insider*, 25 de setembre de 2015).

l'empresari Elon Musk, o les 43 acadèmies Acton esteses per mig món, que ofereixen tant educació primària com màsters, combinant una curiosa hibridació entre el mètode Montessori, el diàleg socràtic i l'aprenentatge basat en projectes (ABP). En tots els casos de canvi dissenyat hi trobem, de fons, un model semblant basat en la resolució de problemes i la personalització de l'aprenentatge que s'aplica tant en barris i zones pobres com en àrees privilegiades com Silicon Valley. Podem dir que els casos de canvi dissenyat exemplifiquen un canvi educatiu per encàrrec i a mida.

El vuitè àmbit es refereix al **canvi sistèmic al territori**, del qual podem destacar el model iZone de la ciutat de Nova York, un macroprojecte amb diferents fases d'innovació de totes les escoles de la ciutat centrat en la millora dels resultats i el partenariat amb subministradors i empreses TIC. Un segon exemple seria el programa Escola a temps complet, liderat per la Diputació de Barcelona per tal de garantir la integració local de l'escola i el fora-escola amb perspectiva comunitària.

Per últim, el novè àmbit de la innovació educativa correspon a les **plataformes educatives** en línia que serveixen com a repositori de recursos, lliçons i rutes personalitzades d'aprenentatge amb exemples com Expeditions (Google), NIIT-Sugatra Mitra (Índia), School of Everything (Gran Bretanya), Descomplica (Brasil), Khan Academy (Estats Units) o Megastudy (Corea).

Mapant les regions de la millora i la innovació educativa

Aquest ecosistema que agrupem en 9 àmbits és flotant i molt dinàmic, amb massa disparitat i fragmentació. Ens cal ordenar aquesta categorització en un mapa que ens ajudi a orientar-nos, tot diferenciant com s'interrelacionen els diferents àmbits identificats. El mapa que proposem a la figura 1 hi pot ajudar. Cal remarcar que no parlem de les noves teories de l'aprenentatge, sinó de l'acció social pilotada per professorat i emprenedors que pot orientar-se cap a la millora o cap a l'experimentació disruptiva. Per tant, està pensat en clau sociològica, amb la intenció de ser comprensiu i permetre visualitzar les diferents regions que existeixen darrere el concepte polisèmic d'innovació educativa.

Si el llegim de baix cap amunt ens situarem en una perspectiva de centre escolar. Però no pas qualsevol centre, sinó només d'aquelles escoles i instituts que s'hagin constituït com a subjecte reflexiu a partir de processos d'autoavaluació i autodiagnòstic. A partir d'aquí, s'origina una bifurcació entre la millora i la innovació, ja que no són el mateix. Hi poden haver connexions i passarel·les entre ambdues, però la gran diferència és de paradigma i d'objectiu intencional: la millora s'orienta a augmentar l'eficàcia de la matriu i format escolar existent, mentre que la innovació s'orienta a l'experimentació i modelització d'una nova matriu i format escolar. Són dos camins que porten a ports i horitzons diferents.

La millora escolar manté i renova el dispositiu pedagògic oficial (DPO), per utilitzar una expressió de Basil Bernstein. No el qüestiona ni mira de desbordar-lo. Busca millorar resultats mantenint els mateixos recursos, però optimitzant processos interns, com la direcció de centre, la coordinació entre professorat, la coherència de les programacions i didàctiques i la motivació d'alumnes i famílies. L'enginyeria dels processos de millora tenen una llarga història i es remunten al corrent d'escoles eficaces o School Effectiveness nascut ara fa 50 anys arran de les pessimistes conclusions de l'informe Coleman sobre l'escassa capacitat igualadora de l'escola (Teddlie i altres, 2000).

En els nostres dies, els plans de millora o els plans estratègics dels centres pivoten sobre les bones pràctiques de referència, les TIC-TAC i les innovacions d'aula, dit de forma resumida. No s'han de minimitzar en absolut aquests esforços de millora, ja que, ben fets, impliquen la mobilització dels agents, l'aprenentatge mutu i la construcció de noves capacitats i visions. El problema és la volatilitat de la millora que no es consolida, que té fugues i trasllats de professorat o que acaba diluint-se en noves rutines que encara reforcen més la matriu i el format escolar tradicional, sobretot si s'obsessiona pels resultats. La millora educativa no qüestiona la matriu escolar tradicional, l'actualitza i la dinamitza per augmentar la seva productivitat i eficàcia. Alhora, pot fer servir i optimitzar les distintes plataformes educatives en línia i connectar, ni que sigui en l'àmbit retòric, amb la nova ecologia de l'aprenentatge (Coll, 2013).

Figura 1. Mapa visual de la millora i la disrupció educativa

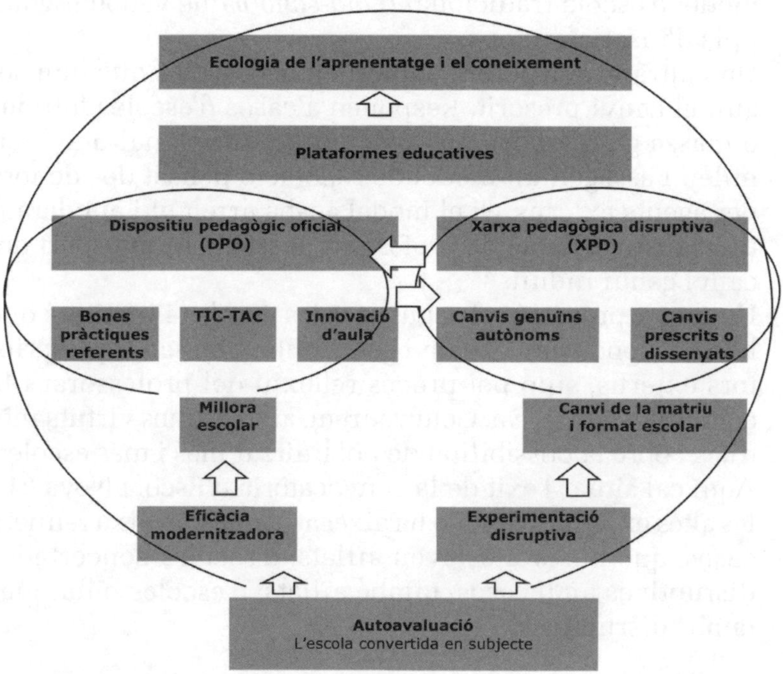

Font: elaboració pròpia.

La segona ruta és més arriscada i s'orienta cap a l'experimentació i la modelització d'una nova matriu i un nou format escolar. Aquí és on resideix el sentit actual de la innovació com a onada de canvi educatiu. També parteix d'un procés d'autodiagnòstic i, de fet, certs processos de millora poden haver desembocat en aquesta segona ruta, més disruptiva i trencadora. El seu valor distintiu és l'experimentació i, per tant, el viatge decidit per anar construint un altre model educatiu. Els processos seguits es diferencien segons com hagin estat concebuts pels actors socials des del seu origen:

a) En el cas de les escoles que segueixen un canvi dissenyat disposen de grans finançadors al darrere que actuen com a filantrops i emprenedors que busquen la superació d'un model d'escola tradicional o *old-school* que veuen esgotat i ple d'insatisfaccions.
b) Una altra ruta diferent emprenen les escoles que han seguit el canvi prescrit. Responen a casos d'escoles fallides o massa guetitzades per l'abandó institucional que assimilen i assagen un model de reflotació pensat des de fora per agents externs. Si el model acaba arrelant i apoderant un claustre estable de professors passen a formar part del canvi genuí induït.
c) Un tercer procés és el seguit per les escoles i instituts que han tirat endavant el canvi genuí autònom, sense prescriptors externs, sinó pel procés reflexiu del professorat i la comunitat educativa. Com veurem, això té unes virtuts inèdites i obre la possibilitat de pol·linitzar més i més escoles. Aquí cal situar l'èxit de la convocatòria d'Escola Nova 21 i les altes expectatives que ha aixecat. Aquesta xarxa reuneix casos, que fins ara estaven aïllats, d'escoles concertades disruptives amb casos, també aïllats, d'escoles públiques també disruptives.

L'experimentació disruptiva, a diferència de la millora escolar, connecta millor amb la nova ecologia de l'aprenentatge (Coll, 2013), en què l'acció educadora es diversifica entre diferents agents i entorns i es presta més importància a l'aprenentatge competencial que no pas a la transmissió tradicional de sabers i continguts a reproduir. L'experimentació d'una nova matriu escolar s'ajusta i s'adapta a la nova ecologia de l'aprenentatge des del moment en què no rendeix culte al currículum tancat i és capaç d'hibridar l'aprenentatge formal i l'informal.

Esperem que aquesta classificació i anotació de la millora i la disrupció educativa ajudin a ordenar i acotar la polisèmia confusa del concepte *innovació educativa*. Com deia Michael Fullan (2002), un dels problemes més crítics als quals s'enfronten les nostres escoles no és pas la resistència a la innovació, sinó la fragmentació, la sobrecàrrega i la incoherència derivades de l'acceptació acrítica i descoordinada de massa innovacions diferents.

Efecte placebo i sobreexpectatives de la innovació

De fet, es corre el risc de banalitzar la innovació educativa i passar a etiquetar com a *innovador* allò que no ho és pas perquè no acompleix un mínim de requisits, com ara: a) partir d'un autodiagnòstic i dissenyar un procés planificat; b) fonamentar la rellevància pedagògica del canvi que cal experimentar i les evidències de recerca que l'avalen; c) lideratge d'un equip impulsor que assegura el compromís dels docents; d) avaluació dels resultats del procés i del canvi, per consolidar les millores o la disrupció experimentada, i e) transferir les noves estratègies i pràctiques provades com a viables. Les autodenominades *innovacions* que no acompleixin aquests requisits no entren en el concepte de la millora escolar ni de l'experimentació disruptiva. Aquest és el perill de certes experiències que, sense prou rigor i sovint massa individualitzades, acaben generant un efecte placebo inconsistent i enganyós.

Figura 2. Cicle de sobreexpectació de Gartner sobre la innovació.

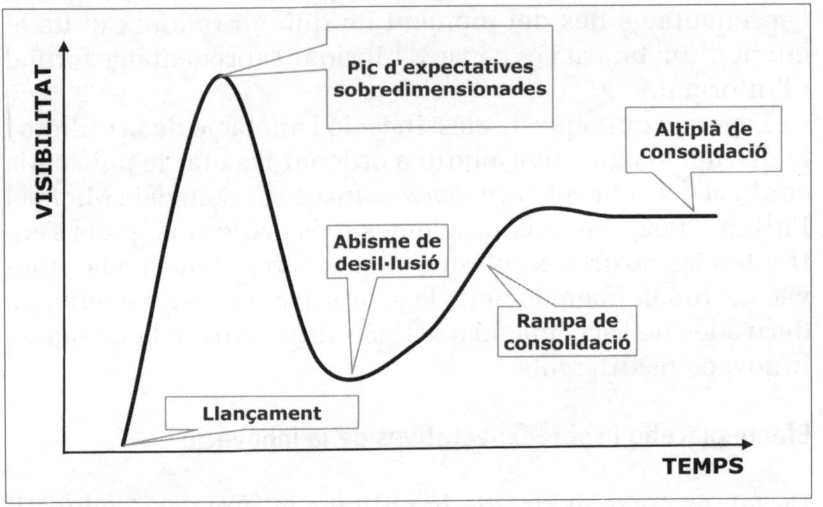

Font: elaboració pròpia.

Hem de reconèixer que innovar s'ha posat de moda i, per tant, el risc de banalització augmenta. A més, a Catalunya estem immersos en un cicle de sobreexpectatives al voltant del potencial de canvi que s'ha desfermat arran de la iniciativa d'Escola Nova 21 articulada en 42 xarxes locals. Com exposa el gràfic, vivim un cicle de sobreexpectació que, en l'àmbit de la innovació tecnològica, és coneguda com a tesi de Gartner: les innovacions disparen expectatives des del seu llançament i arriben al pic màxim per sobrecàrrega de demandes i alta visibilitat pública. Amb el temps, el pic d'expectatives es corregeix a la baixa fins que tarda a remuntar en una rampa suau de consolidació que acaba establint un nivell sostenible d'assimilació i bon rodatge. El gràfic ho il·lustra prou bé. Esperem que l'onada de canvi educatiu es desenvolupi de forma òptima i que quan arribi l'esperat abisme de desil·lusió no sigui desmobilitzador ni fragmentador, sinó que remunti cap a un altiplà de consolidació, penetrant en el màxim d'escoles i instituts del sistema.

Mai hem d'oblidar que l'onada de canvi actual és una iniciativa exploradora que recau sobre professionals reflexius que participen en un laboratori obert ple de reptes, incerteses i complexitat. Per tal de moderar el previsible abisme de desil·lusió serà fonamental la posició facilitadora de l'administració perquè la transformació sigui multiplicativa cap a més centres (en horitzontal) i ascendent cap a les mateixes normatives i marcs reguladors (en vertical). A Catalunya, l'administració ha redactat un marc comú d'innovació que, emparant-se en la LEC (2009) i l'Ordre 303/2015, sobre el reconeixement de la innovació pedagògica, detalla quin paper ha de jugar el Departament:

- Facilitar la innovació als centres.
- Detectar i reconèixer la innovació dels centres, docents i equips de professors.
- Donar suport i acompanyar els centres en els processos d'innovació, amb la col·laboració, quan escaigui, d'altres agents educatius.
- Avaluar la innovació pedagògica.
- Difondre i transferir les innovacions contrastades.
- Liderar i impulsar la innovació en determinats àmbits i contextos, d'acord amb les prioritats del mateix Departament.

Al curs 2015-2016, segons les dades del Departament, hi havia 23 programes actius d'innovació amb 1.200 centres participants i 11.000 docents amb reconeixement d'innovació pedagògica (el 10,4 % de tot el professorat). L'onada de canvi estructurada en xarxes i la nova normativa de reconeixement segurament farà augmentar la grandària i l'abast de la innovació. En aquest sentit, Catalunya reuneix més densitat i predisposició cap a la innovació educativa que no pas altres llocs com Andalusia o a la regió de Madrid, més ancorats en lògiques tradicionals. No obstant això, queden aspectes clau per regular, com els incentius a la innovació, els criteris d'avaluació, els concursos de trasllat del professorat, l'especialització de perfils docents, la formació permanent, la inspecció, les normes d'aplicació curricular o, fins i tot, les normes d'edificació. Tots aquests factors no han de convertir-se en impediments estructurals que distorsionin o dissuadeixin el canvi innovador. Per això és recomanable seguir els passos de la política exploradora que comentàvem al primer capítol.

El canvi educatiu genuí des de l'autonomia escolar

Com s'ha desvinculat l'Estat del control central i directe de les seves escoles, atorgant més autonomia escolar per definir projectes institucionals propis? Com pot haver deixat d'autoritzar i visar els llibres de text confiant que ho facin les escoles i el professorat? Com pot equilibrar un sistema unitari i universal d'ensenyament que tendirà a la diversitat i el particularisme de múltiples projectes escolars? El moviment de reestructuració i descentralització dels sistemes públics d'educació es consolida a partir de la dècada dels anys noranta del passat segle. És un canvi històric d'enorme transcendència si tenim en compte la importància que per a la pròpia legitimitat de l'Estat ha tingut el manteniment de sistemes escolars homogenis i molt centralitzats com a eixos de la cohesió, l'autoritat i la identitat nacional.

Reestructuració educativa des de baix

Green, Leney i Wolf (2001) expliquen la tendència descentralitzadora que es dona entre països europeus amb tradicions educatives i pedagògiques molt dispars al llarg de la dècada dels anys noranta. És un moviment de devolució o de desconcentració d'una part important de les tasques educatives que feia i controlava l'Estat, amb què es concedeix més autonomia a les escoles, al professorat, als agents socials i al territori local de proximitat. La descentralització i concessió d'autonomia a les escoles és una resposta adaptativa que fan els estats amb un doble objectiu:

a) Per racionalitzar i flexibilitzar sistemes escolars molt burocratitzats, rígids i impermeables, heretats de la modernitat industrial.
b) Per respondre a l'augment de la diversitat, del pluralisme social i les demandes de més participació directa que fan les famílies, el tercer sector, els municipis o les empreses en l'àmbit de l'FP.

És el resultat de la sobrecàrrega de funcions que suporten els Estats en un context de restriccions de la despesa pública (encara no existien els sostres de dèficit) on predominen les ideologies neoliberals i de nova gestió pública (*new public management*). Descentralitzar i atorgar autonomia als centres és una forma de distribuir poder, la qual cosa persegueix augmentar l'eficàcia, adaptar-se millor a l'alumnat i canalitzar la participació democràtica dels agents (Meuret, 2004). L'autonomia escolar de tipus pedagògic, organitzatiu i de gestió queda condicionada a la devolució de resultats com a forma de control avaluador del sistema. Tots dos factors, autonomia i *accountability*, són la clau per a la millora de la qualitat educativa, tal com constaten diversos informes (Woessmann i altres, 2009). Val a dir que tan sols certs països anglosaxons han publicat els rànquings d'escola per fomentar lògiques de mercat, però bona part dels països utilitza l'avaluació diagnòstica de resultats com a mesura interna de millora.

Espanya és un país que no destaca en la comparativa internacional per l'alt grau d'autonomia concedit a les escoles. La Gran Bretanya, Holanda i els països escandinaus han concedit més llibertat a les seves escoles, tant en l'àmbit curricular com en la gestió de recursos, apostant històricament per la municipalització i els districtes educatius. En termes comparats amb la mitjana de l'OCDE, Espanya concedeix poca autonomia a les seves escoles en la concreció curricular, en la selecció del professorat o en la gestió financera del centre. Fins i tot països com França, Itàlia i Alemanya concedeixen més autonomia financera que Espanya, encara que l'autonomia curricular de les seves escoles sigui inferior a l'espanyola (Consejo Escolar del Estado, 2015).

Les escoles innovadores han aprofitat la quota d'autonomia regulada per la legislació espanyola des de la LOGSE (1990), la LOPEG (1993) i la LOE (2006), a les quals s'ha d'afegir la LEC (2009). En l'actual legislació educativa queda emparat el foment de l'experimentació i la innovació educativa, tal com recull l'article 1r de la LOE (2006) que la LOMCE (2013) ha mantingut literalment.[8] Les escoles innovadores han definit els seus projectes educatius de centre (PEC), han concretat les seves programacions d'etapa i han decidit les metodologies, els materials didàctics, les agrupacions d'alumnat, els eixos transversals i les franges horàries.

Optimitzant la llibertat de decisió sobre aquests àmbits, les escoles innovadores s'han llançat a experimentar nous models pedagògics que van més enllà d'una simple innovació a l'aula. Cal remarcar que la llavor del canvi genuí entre les escoles públiques va ser plantada pels governs tripartits a Catalunya (2003-2010) en permetre que equips cohesionats de professors presentessin projectes disruptius per a les escoles de nova creació.

8. Cal recordar que la LOMQUE (2013) ha modificat determinats aspectes de la LOE (2006) i, en menor mesura, de la LODE (1995) mitjançant un article únic, que manté vigent un mosaic legislatiu de governança educativa que es compon de les tres lleis esmentades. La LOMQE tampoc ha modificat l'article 102 de la LOE dedicat a la formació permanent del professorat, que insta a «fomentar programes de recerca i innovació» ni altres articles relatius a la innovació i la renovació pedagògica.

Decàleg de les escoles innovadores

A fi de concretar com són o què fan les escoles innovadores, podem descriure aquest decàleg de característiques que reuneixen amb diferents graus d'intensitat i que ens serveix per diferenciar-les de la resta de centres del sistema (Martínez-Celorrio, 2016b):

1. Exemplifiquen processos de reestructuració escolar genuïna que, aprofitant l'autonomia escolar, transformen l'organització, els espais i temps, les metodologies i les relacions amb l'alumnat consensuant un nou projecte d'escola que és global i sistèmic, com una resposta pròpia i creativa sense ser prescrita o imposada des de dalt (Administració, Universitat o experts).
2. Prioritzen la centralitat de l'alumne i el seu dret a l'aprenentatge en detriment de la transmissió de matèries centrades en el professor-emissor, per la qual cosa posen en pràctica metodologies didàctiques i avaluacions que busquen personalitzar, atendre la diversitat i aconseguir rendiments autèntics i motivadors.
3. Han superat les restriccions del currículum oficial i dels llibres de text posant en pràctica l'aprenentatge per projectes, la globalització curricular i l'aprenentatge competencial com a pedagogies invisibles basades en la transversalitat del coneixement.
4. Practiquen l'avaluació formativa amb retroalimentació cap a l'alumnat, mesurant èxits, creacions i competències de forma qualitativa, superant la rutina de l'examen i l'avaluació numèrica, sumativa i classificatòria tradicional.
5. L'aposta per pedagogies invisibles permet als centres canviar la rígida estructura de temps i espais, creant franges horàries flexibles, racons a l'aula i nous dissenys d'aules i espais pensats per al treball en equip.

6. Permeten i promouen la diversitat d'edats en les aules i grups de treball, barrejant l'alumnat per interrelacionar-se i responsabilitzar-se entre iguals. Superen així el model tradicional d'escola que classifica rígidament per graus i edats.
7. Són projectes d'escola legitimats per la participació activa i implicació horitzontal de la direcció, el professorat, les famílies i els alumnes, cohesionats per la confiança mútua en un projecte viu i dinàmic de millora constant pensat per perdurar i actualitzar-se en el temps.
8. L'aposta per les pedagogies invisibles i el treball cooperatiu permet un altre tipus d'emmarcament i tracte cap a l'alumnat, que dissol els problemes de convivència i de desmotivació en generar una escola càlida amb clima afectiu i emocional positiu.
9. La clau del procés de canvi és el professorat reflexiu que actua i s'implica amb una cultura professional col·laborativa no fingida, amb enfocament interdisciplinari i integral de l'educació i una forta identitat de centre, superant les aïllades identitats d'assignatura que solen balcanitzar els claustres.
10. En aquesta nova cultura escolar compartida, es difumina la divisió clàssica entre l'aprenentatge formal i informal, fent que l'escola sigui una organització oberta a l'entorn, al qual enriqueix i del qual aprèn, formant xarxes col·laboratives i aliances mútues.

La nostra tesi és que les escoles innovadores o avançades que formen part de l'onada de canvi genuí han estat capaces d'experimentar i crear una nova matriu i format escolar als seus centres. D'aquí prové el sentit autèntic o genuí dels seus processos de canvi. S'han reestructurat a si mateixes sense prescripcions externes, apropiant-se de l'autonomia escolar per transformar la matriu clàssica de l'ensenyament, heretada i reproduïda per la resta del sistema. El canvi educatiu genuí és un concepte encunyat a meitat dels anys noranta als Estats Units per definir els processos de reestructuració de les escoles que reunien les següents característiques (Goodman, 1995):

- Són reestructuracions liderades pel mateix professorat i, per tant, no es tracta d'innovacions prescrites per altres.
- Comparteixen l'objectiu de transformar no només les didàctiques de l'aula, sinó el projecte pedagògic del centre, redefinint els propòsits de l'educació per adaptar-los als canvis socials i culturals.
- Responen a un diagnòstic compartit i ben fonamentat entre tots els agents de la comunitat educativa.
- El professorat assumeix i encarna valors com la confiança mútua, la professionalitat reflexiva, el rigor intel·lectual i la comunitat, que els allunyen dels valors defensats per la reestructuració gerencialista i tecnocràtica de l'ensenyament (eficàcia, rendiments, estàndards i rànquings escolars).
- Finalment, superen i desborden els models tradicionals d'innovació pedagògica que s'ha anat subordinant a la millora de la productivitat acadèmica.

La reestructuració genuïna es basa en la màxima autonomia i llibertat de les escoles per innovar, per respondre a la diversitat de necessitats i per promoure rendiments valuosos sense rebaixes de nivell, a través de pedagogies actives i transformacions radicals de l'espai-temps escolar. Es tracta, per tant, d'una resposta des de baix de determinats col·lectius de professors i escoles que no comparteixen el model pedagògic tecnoburocràtic reduït a l'eficàcia, productivitat i millora dels resultats acadèmics com a fins centrals del sistema. L'exemple de reestructuració genuïna més avançat i ja consolidat com a model és potser el d'Amara-Berri al País Basc en l'àmbit d'infantil i primària (Martínez-Celorrio, 2016*b*).

Un marc adient d'experimentació pública

En el cas dels Estats Units, disposem d'estudis de cas sobre la reestructuració genuïna i la manera en què els centres públics se l'han apropiat i l'han interioritzat com un projecte transformador (Lieberman, 1995). Cal tenir en compte que la peculiar governança de l'educació en aquest país ha fet aflorar i expandir-se el paradigma de la gestió basada en el centre (SBM *school based management*). Iniciatives com les *charter schools* i les formes escolars globals o *whole school designs* serien altres exemples de reestructuració genuïna sentida com a pròpia pel professorat implicat.

L'experimentació de *whole school designs* són exemples de transformació global de les escoles, permesa pels districtes escolars, que solen ser elaborats per fundacions i centres d'investigació universitària com a alternativa superadora de la tradicional educació compensatòria en zones desfavorides. És el cas del programa Success for All concebut per Robert Slavin o les escoles accelerades formulades per Henry Levin. La decisió d'implantar aquest tipus de dissenys és una decisió autònoma de les escoles, i és necessari un suport del 80 % del claustre a favor de l'experimentació, però, a continuació, és l'escola qui defineix i adapta els programes a la seva manera sense arribar del tot a ser una innovació prescrita, tancada i definida des de fora.

A Espanya, les comunitats d'aprenentatge impulsades pel CREA de la Universitat de Barcelona són una translació del model d'escoles accelerades d'Henry Levin. Però, a diferència d'aquest, no permeten un marge flexible a les escoles, ja que han d'incorporar mètodes i receptes anomenades «d'èxit» que són imposades com a prescripcions durant tres anys. Tampoc coneixem avaluacions rigoroses dels seus resultats (amb grups de control i mesures longitudinals de trajectòries dels alumnes) malgrat el temps que fa que estan actives. De fet, tot i partir d'un centre universitari de recerca, els seus impulsors s'han dedicat més a fer autobombo i publicar de forma autoreferencial en revistes acadèmiques que no pas a demostrar de forma objectiva i científica què funciona i què no funciona de la seva prescripció uniforme. Tanmateix, les comunitats d'aprenentatge del CREA s'han estès amb força èxit a Espanya i han arribat a formar una potent xarxa de 209 escoles.[9] No obstant això, la seva peculiar manera d'experimentació prescriptiva, l'absència d'avaluació independent i l'excessiva mobilitat i abandó del professorat dels centres no les fan enquadrables com a exemples de reestructuració genuïna.

En la literatura especialitzada sobre el canvi educatiu hi ha un alt grau de consens sobre els efectes perjudicials de les reformes o canvis sistèmics, centralitzats i prescrits de dalt a baix. Tal com assenyala Darling-Hammond (2001), en cada dècada sorgeixen noves modes didàctiques que solen ser velles idees reciclades, com les noves matemàtiques, l'horari modular, els grups interactius o la gestió per objectius. L'administració o els prescriptors les introdueixen a les escoles, però aquestes tendeixen a «mastegar i escopir reformes mal digerides» quan les senten alienes a la seva pràctica, les seves rutines i les seves concepcions didàctiques.

La sociologia de l'educació ha demostrat àmpliament com les escoles canvien les reformes (Tyack i Cuban, 2001; Bernstein, 1998), les distorsionen i recontextualitzen per fer veure que se segueixen els seus dictats fins a dissoldre el seu sentit original. Una reforma o innovació planejada tecnocràticament i de dalt a baix no s'adopta tal com s'espera. En el món escolar, impera una micropolítica d'arranjaments informals, resistència al canvi i conflictes pel significat de la innovació prescrita des de dalt. D'aquesta manera el resultat final són «híbrids pedagògics», en què es barregen pràctiques antigues i noves, formant un «currículum de fet» que no coincideix amb el currículum oficial o les pràctiques legítimes que espera l'Administració.

9. Web oficial de les comunitats d'aprenentatge CREA: http://utopiadream.info/ca/.

En l'escenari educatiu actual no predomina un model o una pràctica pedagògica recognoscible, sinó, més aviat, una paleta de colors (Basil Bernstein) o un mosaic mòbil (Andy Hargreaves) de pràctiques educatives contradictòries entre si. Hi predomina un pluralisme pedagògic constituït per mestissatges que combinen aspectes tant tradicionals com innovadors en mixtures flotants i variables. Per exemple, en un institut de secundària qualsevol podem trobar barrejats l'enfocament per competències, els exàmens com a principal forma d'avaluació, l'aprenentatge per projectes en algun trimestre i l'agrupament per nivells de rendiment (*streaming*). Tot alhora i justificat amb un discurs d'escola competitiva, però inclusiva, democràtica, professional i altres ambivalències desconcertants.

A diferència d'aquesta ambigüitat desconcertant, les escoles innovadores han apostat pel canvi disruptiu de la seva matriu i cultura organitzacional per si mateixes, definint uns propòsits clars, coherents i alternatius que són originals i no venen dictats des de fora. Com assenyala Antúnez (2001), la viabilitat dels canvis educatius depèn de les iniciatives i lideratges del professorat, que actuen com un motor intern de la mateixa escola, que es pensa a si mateixa des de la professionalitat reflexiva i col·laborativa. Aconseguir aquest grau sofisticat de massa crítica i autenticitat no resulta gens fàcil en el conjunt del sistema i per això les escoles innovadores són «illes del canvi» que van a contracorrent del model burocràtic i estandarditzat d'escola.

Fonaments i evidències per a la innovació

Per tal de recuperar i actualitzar el sentit dels propòsits, les estratègies i les funcions educadores, Philippe Meirieu (2016) reivindica la necessitat de retornar a la pedagogia. De fet, és el que s'està fent en l'onada de canvi innovador, recuperant la inspiració de l'Escola Nova, d'allò que va poder ser i no va ser.

Alhora, els avenços de la recerca educativa ens permeten disposar de noves evidències per mesurar l'impacte de les intervencions. Tant el retorn als clàssics com el suport en la recerca posen punt final a massa temps de relativisme postmodern i de *laissez-faire* sense rumb que han empantanat el nostre sistema. A més, les innovacions s'organitzen en forma de xarxes escolars per socialitzar el coneixement i les experimentacions.

Retorn als fonaments pedagògics

Els moviments de renovació pedagògica (MRP) sorgeixen a la fi del segle XIX i primeres dècades del segle XX com una rèplica crítica i alternativa al model institucionalitzat d'escola nacional implantat des dels respectius estats. En resposta al model centralitzat, unitari i magistral de la naixent escola pública centreeuropea, es crea el 1899 el Bureau International des Écoles Nouvelles liderat per Claude Ferrière des de Ginebra (Suïssa). El moviment de l'Escola Nova va creixent en diferents països i adquireix dimensió internacional el 1921 amb la creació de la Ligue International de l'Éducation Nouvelle. Les tres primeres dècades del segle XX suposen un moment històric clau i molt dinàmic, en el qual apareixen les contribucions renovadores dels europeus Montessori, Decroly, Freinet, Ferrière, Ferrer i Guàrdia, Claparède, Cousinet o Dottrens i dels nord-americans Dewey, Parkhurst, Kilpatrick o Washburne.

El moviment de l'Escola Nova s'articula com a resposta alternativa al model oficial instituït pels estats que passa a ser etiquetat com a *escola tradicional*.[10] Les principals crítiques al model d'escola tradicional per part d'aquest moviment re-

10. Els estatuts de la Ligue International de l'Éducation Nouvelle defineixen una nova finalitat de l'educació: «Preparar l'infant per al triomf de l'esperit sobre la matèria; respectar i desenvolupar la personalitat de l'infant, formar el caràcter i desenvolupar els atractius intel·lectuals, artístics i socials propis de l'infant, en particular mitjançant el treball manual, l'organització d'una disciplina personal lliurement acceptada i el desenvolupament de l'esperit de cooperació, la coeducació, la preparació del futur ciutadà i d'un home conscient de la dignitat de tot ésser humà».

novador són les mateixes que podem formular ara, atès que la lògica i la matriu escolàstica del sistema educatiu segueix sent la mateixa. Les crítiques de fa un segle eren les següents:

a) L'enciclopedisme del programa i plans d'estudis a què s'ha de sotmetre tota activitat didàctica, tot i la superficialitat dels aprenentatges que genera.
b) El didactisme, en què preval la instrucció acadèmica de les matèries per sobre de l'educació i desenvolupament integral dels infants segons la seva edat.
c) La preeminència de la lliçó verbal del professor en detriment de les activitats, els jocs i el contacte amb la natura i l'entorn social.
d) Finalment, l'enfocament adultocèntric i magistral, centrat en el professor com a font d'instrucció, disciplina i autoritat.

La principal contribució o llegat perdurable que va introduir l'Escola Nova va ser el seu reconeixement de la infància com a etapa diferenciada, per primera vegada, respectant les seves necessitats i el seu procés evolutiu i de desenvolupament, a diferència del model vuitcentista de socialització i disciplina que no les tenia en compte. És un llegat que continua i que ha estat plenament recuperat als plantejaments de les escoles innovadors dels nostres dies. La infància i l'adolescència com a subjectes actius d'aprenentatge passaran a ser el centre de tota l'organització escolar (paidocentrisme) en contraposició amb l'adultocentrisme del model tradicional centrat en el professor-instructor que imposa continguts, interessos i aspiracions més pròpies dels adults que dels nens. Per a l'Escola Nova, l'infant no té els mateixos interessos i aspiracions que els adults. Fins i tot al llarg de la infància, a cada edat corresponen uns interessos determinats. El cientifisme o l'erudició són aspiracions o qualitats adultes que no poden ser imposades als nens. Les matèries instrumentals com el càlcul i l'ortografia s'han d'estructurar des d'estratègies atractives com el joc, els desafiaments, la resolució de problemes quotidians o projectes vinculats a l'entorn. De nou, aquestes tesis de l'Escola Nova són encara contemporànies.

La renovació pedagògica de l'Escola Nova es concreta en canvis metodològics que responen a un nou paradigma d'infància, sustentat pels descobriments i aportacions de la psicologia, la medicina o la biologia. El coneixement racional de les necessitats de la infància és traduirà en un model de pedagogies actives que impliquen:

- L'absència de repressió adulta i el desenvolupament de la llibertat infantil. L'escola ha de ser la «casa dels nens» (Montessori).
- L'activació de totes les capacitats sensorials (vista, oïda, gust, olfacte, tacte, sensibilitat, motricitat...) i totes les capacitats logicodeductives (observació, assaig, error, demostració, conclusions...), atenent cada edat infantil apropiada per aprendre fent, descobrint i presentant els resultats en públic (Cousinet i Freinet).
- La personalització de l'aprenentatge reconeixent i adaptant-se a la diversitat de potencials, interessos i situacions de cada nen/a amb ajust flexible d'activitats a cada cas.
- L'avaluació dels òptims individuals segons les possibilitats de cada cas, mesurant els èxits i activitats amb relació a la capacitat individual (Claparède). El paràmetre és el mateix alumne i no els paràmetres de les assignatures o els barems imposats d'èxit i fracàs escolar.
- La globalització curricular supera la divisió per assignatures, atès que s'aprèn per a la vida des d'un tot coherent, que és tal com els infants perceben la realitat i no de forma segregada en matèries tancades com compartiments estancs.
- L'aprenentatge serà organitzat a partir d'unitats temàtiques adequades, bé sigui en nuclis d'interès (Decroly) o en forma de treball per projectes (Kilpatrick).
- La col·laboració entre l'escola i les famílies és clau per estendre els mateixos principis en la vida familiar i en la comunitat local, ja que s'assumeix que l'educació no

només depèn de l'escola, sinó de tot l'entorn social, que ha de col·laborar i implicar-se.

Com veiem, moltes de les idees originals de l'Escola Nova es van avançar molt al seu temps i ara serveixen d'inspiració per l'onada de canvi genuí que aposta per diferents formes de globalització i transversalitat curricular. La ineficaç separació del coneixement per assignatures tancades i la transmissió magistral que acomoda l'alumnat a la passivitat i subordinació (pedagogies visibles) és incoherent amb la creixent demanda d'interdisciplinarietat, visió global, creativitat i treball en equip i resta de les anomenades competències del segle XXI. És evident que en educació quasi tot està inventat i que cada generació fa el seu esforç d'apropiació del passat, però també resulta clar que l'Escola Nova és una potent font d'inspiració i tot un referent per al present.

Suport en evidències i en recerca

Els avenços de la recerca educativa ens permeten disposar de noves evidències per conèixer millor què funciona i què no funciona de la matriu escolar tradicional i com cal organitzar i estimular els processos de canvi genuí. El canvi en educació depèn del que pensin i facin els professors, tan simple i complex com això, ens diu Michael Fullan. Aquest reconegut expert, fent balanç de dècades de canvis i innovacions, ha sintetitzat les vuit lliçons bàsiques del canvi dinàmic i la innovació educativa protagonitzada des de baix pels centres (Fullan, 2002):

1. No es pot prescriure el que els centres han de fer.
2. El canvi en educació suposa un avenç cap a alguna cosa que és parcialment desconeguda i implica incertesa i necessitat d'aprendre contínuament.
3. Els problemes són inevitables en els processos de canvi i només a través d'ells és possible trobar noves solucions.

4. La previsió detallada de tot el que implicarà el canvi no té sentit: és més important consensuar els significats del canvi i estar oberts a una concepció del procés com a trajectòria dinàmica.
5. L'individualisme i la col·legialitat han d'anar juntes i estar equilibrades.
6. Ni la centralització ni la descentralització absoluta funcionen de forma independent: l'escola i els supervisors es necessiten mútuament i han de mantenir un diàleg i consens continuat.
7. Els centres han de mantenir connexió amb la seva comunitat escolar i amb el seu entorn.
8. Els responsables de les innovacions educatives i de la millora dels centres són tots els que estan implicats en el seu funcionament, també els administradors i supervisors.

Una segona línia interessant de recerca i evidència és la promoguda per Darling-Hammond (2001) sobre com s'ha d'arribar a projectes i models de bona escola d'un forma sistemàtica i universal mitjançant les polítiques educatives i múltiples decisions de base. Per fer-ho possible, aquesta autora defensa un nova forma de fer política educativa, és a dir, un canvi en la cultura de governança que passaria per acomplir la següent agenda:

1. L'horitzó global de la política educativa ha de ser fer que els centres desenvolupin pràctiques i dinàmiques coherents amb el que ja sabem sobre formes eficaces d'ensenyament i aprenentatge de qualitat. Per tant, les pràctiques han d'estar fonamentades i evidenciades.
2. Les decisions i acords han de ser participats i consensuats entre professors, altres professionals, famílies, investigadors i decisors polítics.
3. Definició de mínims curriculars bàsics, però flexibles, que permetin autonomia pedagògica al centre i a la comunitat educativa.

4. Un aprenentatge democràtic, actiu i profund, cooperatiu i maduratiu. Aprenentatges rellevants connectats amb les motivacions i experiències dels alumnes.
5. Els resultats escolars s'han de valorar a partir de demostracions d'un rendiment autèntic. Estimular la participació local a les avaluacions. Ús de l'avaluació com a instrument de millora continuada i de *feedback* amb els alumnes.
6. Organitzar aules i grups heterogenis i democràtics: per aprendre sobre i entre ells, amb metes conjuntes com a grup. Es descarta la segregació per grups de rendiment.
7. Autonomia de centre per contractar professorat qualificat, programar els horaris i organitzar l'aprenentatge transdisciplinari entre professors, alumnes i famílies.
8. L'aprenentatge depèn més de la capacitació del professorat que de les capacitats dels alumnes. Una de les claus està a conciliar el desenvolupament professional del professorat i l'aprenentatge compartit entre professors.
9. Hauria de negociar i consensuar públicament unes metes i uns estàndards professionals per als professors, concedint més autonomia als centres.
10. Un entorn quotidià sense burocràcia ni paperassa amb més confiança en el professorat i menys prescripcions centralitzades. Les decisions i els acords han de ser participats i consensuats entre professors, altres professionals, famílies, investigadors i decisors polítics.

Una tercera línia de recerca és el treball de metaanàlisi de John Hattie (2009, 2011), fet sobre 800 altres metaanàlisis que recullen 50.000 recerques. Amb aquest munt de dades, Hattie pot mesurar l'impacte real dels factors i les intervencions pedagògiques i didàctiques sobre els resultats d'aprenentatge. La taula 5 recull una mostra resumida i il·lustrativa de l'extens treball de Hattie.

Aquest treball tan sistemàtic encara no ha estat traduït ni ha penetrat en el debat acadèmic català i espanyol, però representa tot un revulsiu per contrastar les pràctiques amb resultats d'impacte. També ens permet detectar el nombre de recerques de cada intervenció pedagògica que s'han fet a escala mundial. En el rànquing de Hattie, els pitjors factors per l'aprenentatge són el canvis continuats d'escola, el consum televisiu, la repetició de curs i les vacances d'estiu. A continuació, va ordenant diferents intervencions negatives amb molt baix impacte, com l'agrupació d'alumnes per nivells de capacitat (*streaming*), l'aprenentatge basat en problemes (però no pas l'ABP, basat en projectes), les activitats extracurriculars o, fins i tot, la titularitat religiosa de les escoles, que no aporta un valor diferencial.

Els lectors poden fer una lectura atenta de totes les intervencions que recull la taula 5. Resulta interessant comprovar que les TIC –amb un total de 4.899 recerques testades per Hattie– tenen un impacte molt discret en els resultats d'aprenentatge, però, almenys, és superior al que obté l'educació moral i de valors. Cal remarcar que es tracta de recerques fetes a tot al món. També és important assenyalar que, a més de les intervencions didàctiques, Hattie incorpora i mesura certs factors com la relació professors-alumnes, amb un impacte (0,72) més determinant en els aprenentatges que la condició socioeconòmica dels alumnes (0,57), la implicació de les famílies (0,51) o la personalitat dels alumnes (0,19).

Per John Hattie, l'art de l'ensenyament i els seus grans èxits es relacionen amb allò que «passa després». És a dir, gira entorn de com reacciona el professor davant la manera que tenen els alumnes d'interpretar, assimilar, rebutjar o reinventar el que ha ensenyat, de com relacionen i transfereixen allò après a altres tasques i de com reaccionen els alumnes davant l'èxit i el fracàs sobre els continguts i mètodes que el professor ha ensenyat. En paraules seves, tot el procés d'aprenentatge queda pendent del que «passa després» i d'allò que es fa o no es fa per corregir-ho per part dels docents.

Les intervencions de més èxit sobre l'aprenentatge són les autoavaluacions dels mateixos alumnes (1,44), els programes constructivistes (1,28), el *microteaching* (0,88) i el *feedback* amb els alumnes (0,73). També resulten molt consistents i productives les estratègies metacognitives, els programes de creativitat, el desenvolupament professional dels mestres, ensenyar *problem solving* i l'aprenentatge cooperatiu. En una actualització del seu rànquing que incorporava també la docència universitària, Hattie ha descobert que els dos factors més determinants per a l'aprenentatge són: les expectatives sobre els resultats dels alumnes (1,62) i l'eficàcia col·lectiva del professorat (1,57).

Taula 5. Grandària d'impacte de les intervencions pedagògiques.

	Intervencions i factors	Recerques	Efecte
MÉS IMPACTE MULTIPLICADOR	Autoavaluació dels alumnes	209	1,44
	Programes constructivistes	51	1,28
	Microteaching	402	0,88
	Feedback	1.287	0,73
	Relacions professors-alumnes	229	0,72
	Estratègies metacognitives	63	0,69
	Programes de creativitat	685	0,65
	Desenvolupament professional	537	0,62
	Ensenyar *problem solving*	221	0,61
	No etiquetar l'alumnat	79	0,61
	Estratègies d'ensenyament	5.667	0,60
	Aprenentatge cooperatiu	774	0,59
	Programes comprensius	415	0,58
IMPACTE APRECIABLE	Exemples elaborats (*worked examples*)	62	0,57
	Condició socioeconòmica dels alumnes	499	0,57
	Mapes conceptuals	287	0,57
	Objectius desafiants (*challenging goals*)	604	0,56
	Tutoria entre iguals	767	0,55
IMPACTE SIGNIFICATIU	Implicació de les famílies	716	0,51
	Aprenentatge en petits grups	78	0,49
	Intervencions preventives a infantil	1.704	0,47
	Expectatives sobre els alumnes	674	0,43
	Autoconcepte dels alumnes	324	0,43
	Programes d'habilitats socials	540	0,40

IMPACTE DISCRET	Tecnologia educativa – TIC	4.899	0,37
	Teatre i programes artístics	715	0,35
	Aprenentatge per indagació	205	0,31
	Exercicis de relaxació	227	0,28
	Dessegregació	225	0,28
	Educació moral i de valors	84	0,24
IMPACTE BAIX	Escoles religioses	71	0,23
	Ensenyament personalitzat	638	0,22
	Personalitat dels alumnes	234	0,19
	Activitats extracurriculars	424	0,17
	Aprenentatge basat en problemes	285	0,15
	Mentoring	74	0,15
	Agrupar per nivells de capacitat	500	0,12
PITJOR IMPACTE	Vacances d'estiu	39	- 0,09
	Repetició de curs	207	- 0,16
	Consum televisiu	37	- 0,18
	Canvis continuats d'escola	181	- 0,34

Font: Hattie (2009, 2011).

Els avenços de la recerca educativa no arriben prou ni a les escoles ni a la formació docent. Ens cal tenir una visió més fonamentada i transparent del sistema, que passa per disposar d'un observatori i una agenda d'R+D+i educativa que acompleixi dues funcions: fer de «cervell pensant» del sistema i, alhora, fer d'*edulab* experimental i aportador d'evidències. Necessitem una R+D+i orientada a resultats de millora i d'equitat del sistema, al servei de les escoles i de les seves necessitats. Això implica una nova relació més horitzontal i directa entre la recerca i les escoles, que generi una base unificada de coneixement sobre tres preguntes: què funciona? com? i per què? Alhora, la recerca ha de servir per professionalitzar la inspecció i la gestió del sistema sota una lògica exploradora de petits passos, experimentacions i programes escalats. Tot això suposaria un puntal necessari per enfortir l'equitat i la capacitat d'adaptació permanent del sistema.

3. Innovació i equitat educativa són inseparables

Una escola que no sigui acceptable perquè un professor hi porti els seus fills, no ha de ser acceptable per a ningú.

Henry Levin

La capacitat d'un pont per suportar tot el pes es mesura per la força del seu pilar més feble. La qualitat humana d'una societat s'hauria de mesurar per la qualitat de vida dels seus membres més febles.

Zygmunt Bauman

L'aposta per la innovació i el canvi educatiu ha de ser universal, sistèmica i organitzada en xarxa per tal de garantir més excel·lència i més equitat de forma simultània i satisfer les noves funcions que s'esperen de l'escola moderna del nou mil·lenni. El segell d'escola innovadora per diferenciar-se de la resta d'escoles no ha de ser un privilegi ni un reclam publicitari ni l'objectiu de l'actual onada de canvi. Aquest és el principal risc de nova segmentació d'un sistema que ja està prou desigualat i segregat, malgrat l'aparença virtual d'estar cohesionat i de ser igualitari.

Aquí és on es troba a faltar el lideratge públic de les administracions i de l'Estat i, segurament, aquest és l'origen de molts recels i el punt més feble de tota l'onada de canvi educatiu que estem vivint. Ens cal un lideratge públic i un discurs potent de modernització educativa que ofereixi el just equilibri entre l'excel·lència, l'equitat i la innovació, per fer-les viables totes alhora com a valors públics del sistema. Aquest és el trilema al qual hem d'aspirar com a ciutadans demòcrates. No és una qüestió de dretes o esquerres. La matriu escolar del sistema heretat de la societat industrial necessita ser repensada i redissenyada per tal d'acomplir noves funcions socials i educadores (vegeu la taula 2, pàg. 37).

Tant la matriu de l'escola de masses com el model compensatori d'igualtat d'oportunitats han estat funcionals i adients per a la societat industrial. No obstant això, són disfuncionals i no s'ajusten a les necessitats de la nova societat del coneixement i del risc que ja està polaritzant encara més l'estructura de desigualtats. Ni podem/devem educar/instruir de la mateixa manera ni podem/devem aïllar la política educativa de la resta de polítiques redistributives de cohesió social (benestar, infància i ocupació).

Al meu parer, cal fer més equitativa la innovació de les escoles perquè totes desenvolupin la capacitat de canvi i cal fer més innovadora la política d'equitat educativa afectant canvis interns de la mateixa matriu escolar. Són dos moviments bidireccionals que enxarxen l'equitat i la innovació en un nus ben lligat i adequat al nou context de canvis i demandes socials. En aquest capítol analitzem, en primer lloc, l'enfocament de l'equitat educativa i els objectius nacionals que hauria de seguir. En segon lloc, presentem propostes de canvis potenciadors de l'equitat interna del sistema que passen pel finançament, l'escolarització infantil, els canvis de currículum i l'agrupació d'alumnat, la intervenció en districtes educatius preferents i una tercera secundària de segona oportunitat. Finalment, analitzem la capacitat igualadora de l'escola i la necessitat d'activar canvis predistributius en els factors externs que tant condicionen l'educabilitat en les escoles del nostre sistema.

De quina equitat parlem? Enfocaments i grans objectius

Des de la sociologia hem demostrat que, gràcies a l'augment de l'escolarització i la democratització dels títols entre 1985-2005, la societat catalana és un 33 % menys classista, menys adscriptiva i estructuralment més fluida i interclassista. És a dir, els orígens socials han perdut un 33 % de pes en la força de determinació que tenien sobre els destins professionals i les trajectòries socials dels fills (Martínez-Celorrio i Marín, 2010). En qualsevol altre país, aquest resultat d'impacte igualador de l'educació sobre l'estructura social hauria estat celebrat com un èxit col·lectiu, reafirmat amb orgull i posant en primer pla la tasca fonamental i silenciosa del professorat. No ha estat així.

És un resultat molt meritori tenint en compte la baixa despesa pública educativa a Catalunya, que representa un 2,8 % del seu PIB (dades de 2013) (Martínez-Celorrio, 2016*a*). Dins d'aquesta despesa s'inclouen totes les etapes educatives inclosa la Universitat; també hi consten els concerts educatius del sector privat i la despesa que fan a Catalunya totes les administracions (Generalitat, Estat i ajuntaments). És la inversió pública més baixa de tota Europa i de tot el món desenvolupat. És tan baixa que només és comparable amb països allunyats del nostre entorn, com Perú (2,76 %), Laos (2,77 %) o Libèria (2,82 %). Catalunya s'ha malacostumat a mantenir una baixa inversió pública en educació que hauria de duplicar-se si es vol igualar a la mitjana de l'OCDE (5,6 % sobre PIB), que es també la inversió que fan països com Àustria, França, els Estats Units, Israel o, fins i tot, el Marroc. Recordem que la LEC (2009) es va fixar com a objectiu arribar a una inversió del 6 % el 2017 i estem a anys llum d'acomplir-ho.

Figura 3. Despesa pública educativa com a % del PIB (2013).

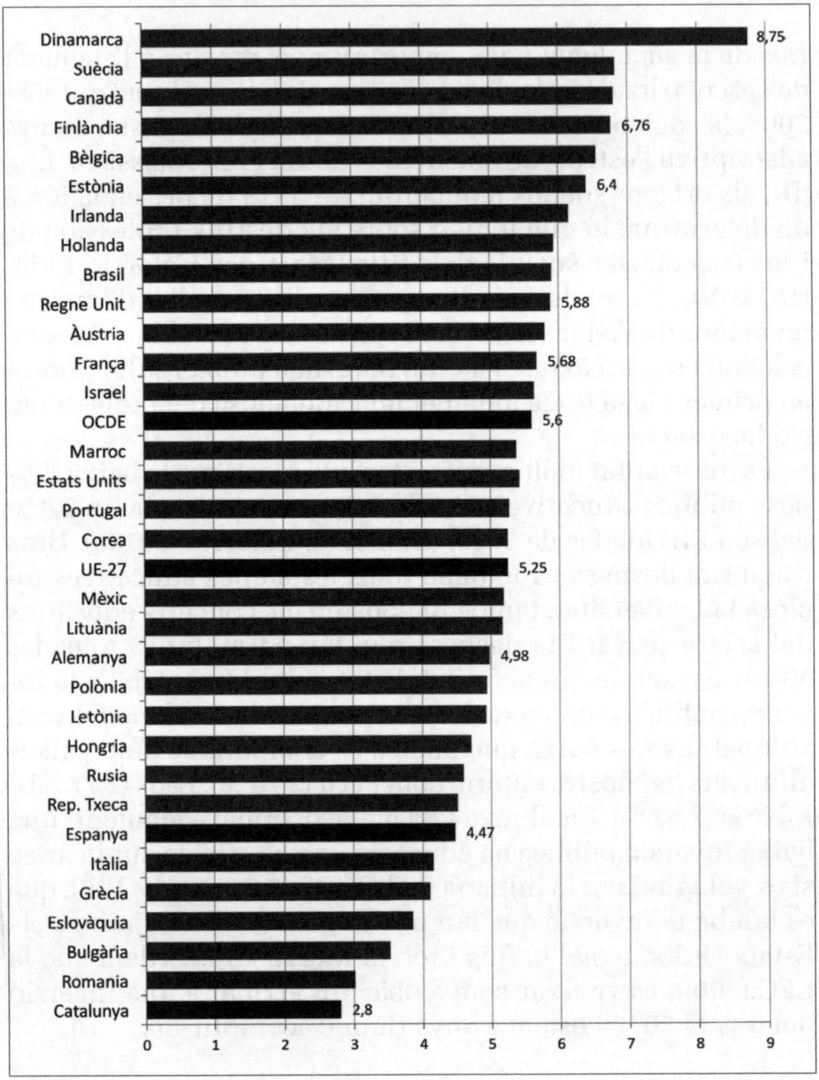

Font: Martínez-Celorrio (2016).

L'evidència demostra que, a partir de determinat llindar d'inversió garantit, no importa tant el quant s'hi inverteix, sinó el com i on, i cal dirigir els recursos a col·lectius diana per afeblir obstacles que generin el màxim d'impacte igualador. Per exemple, les dades de PISA demostren que rendeix més augmentar els salaris del professorat, cosa que aporta més valor afegit, en especial, en escoles desfavorides, que no pas reduir les ràtios de totes les escoles (OCDE, 2010). Però a Catalunya no hem arribat encara a un llindar mínim d'inversió.

Altres països, en canvi, han consolidat la seva inversió i, a més, han integrat un paquet transversal de polítiques d'ensenyament que comprèn universitats, educació d'adults, formació laboral i participació cultural i que actua com un ecosistema *knowfare*. Resulta el complement funcional i coherent amb els seus sistemes de benestar (*welfare*) i forma part de les seves estratègies nacionals de capital humà davant el futur. Catalunya està molt allunyada d'aquest plantejament globalitzat de l'equitat educativa i de l'enfortiment institucional d'un *knowfare* propi que la identifiqui en l'escenari internacional. Tot i tenir bases ben fonamentades i potencials a desenvolupar, es troba a faltar una matriu global i decidida d'equitat educativa.

L'equitat introdueix justícia al concepte d'igualtat

L'equitat del sistema educatiu està molt condicionada per l'estructura de la desigualtat socioeconòmica externa a l'escola i per una governança que desenvolupi polítiques efectives d'igualtat d'oportunitats adreçades tant a les famílies com a la infància i l'adolescència. Si Finlàndia tingués el model productiu català (amb tant de pes del turisme i la construcció), el nostre nivell salarial, la nostra evasió fiscal, la nostra estructura de desigualtats socials i la nostra escandalosa baixa inversió en polítiques socials, educatives i d'infància, no existiria pas el miracle educatiu finlandès.

El sistema escolar català ha experimentat, des dels anys 2000, un dels creixements demogràfics més acusats de tot

Europa i, alhora, ha guanyat en complexitat socioeducativa per l'acollida de la nova immigració. Sovint oblidem dos fets contrastats sobre la complexitat socioeducativa que acull el sistema escolar català:

- Catalunya és el quart país europeu amb més índex de baix capital cultural familiar (Martínez i Albaigés, 2012).
- I és també el quart país europeu on més ha crescut la determinació dels orígens socials sobre els resultats PISA entre 2003-2012 (Bonal, 2015).

En l'índex d'equitat educativa i de coherència de la política educativa elaborat per Save the Children (2015), Catalunya apareix classificada amb unes polítiques d'equitat més aviat modestes davant les potents polítiques que desenvolupa el País Basc. Certament, la suficiència de recursos que facilita el concert basc ha possibilitat que aquell territori hagi retallat en educació quatre vegades menys que Catalunya i mantingui la inversió del 5 % del seu PIB en educació, en contrast amb el 2,8 % del PIB (2013) de Catalunya. Cal recordar que el 88 % de tota la inversió educativa a Catalunya correspon a la Generalitat, el 9 % als ajuntaments i la resta a l'Estat (Martínez-Celorrio, 2016*a*).

No cal emmirallar-nos en l'elevada inversió de casos tan allunyats com Dinamarca i Holanda. L'exemple del País Basc és una estació intermèdia de la qual estem allunyats tant en finançament com en lideratge de polítiques equitatives, tenint sempre en compte que el nivell de pobresa formativa dels adults i el volum de baixa qualificació en el mercat de treball són dos punts de partida pitjors per al cas de Catalunya. Tenim encara un model burocràtic d'igualtat d'oportunitats massa compassiu i de quanties mínimes en ajuts de menjador, beques o programes compensatoris, que s'han minimitzat encara més per l'impacte de les retallades. Ens cal un replantejament més innovador i eficaç de les polítiques d'equitat perquè, amb més inversió, acabin generant millors resultats i amb més justícia educativa, en què no importin les condicions d'origen.

Què és l'equitat educativa?

L'equitat introdueix un component de justícia al concepte d'igualtat. *Equitat* vol dir que cadascú rep el que li correspon o el que es mereix tenint en compte les seves diferències i necessitats, sense perjudicar els altres. Per això, l'equitat és més justa que la igualtat simple.

Per al filòsof John Rawls (1921-2002), la justícia ha de ser entesa com a equitat, de tal manera que l'èxit o la millora d'alguns no ha d'anar en perjudici d'altres. Per a aquest autor, la justícia social consisteix a distribuir equitativament els recursos i béns socials, excepte quan una distribució desigual acabi beneficiant els menys afavorits. És el que Rawls anomena *principi de la diferència* i és la base de les accions positives i programes compensatoris i redistributius de recursos.

El professorat ha fet seva la ideologia del funcionament meritocràtic de l'escola, en què tan sols importa la intel·ligència i l'esforç per assolir l'èxit. I, sovint, s'ha entès l'estandardització i uniformitat de la matriu escolar com una garantia d'igualtat. Des de la sociologia s'ha demostrat que la selecció meritocràtica de l'èxit i el fracàs escolar es correlaciona amb el nivell de capital cultural familiar i, en segon terme, amb la condició socioeconòmica.

Tal com diu Pashi Shalberg (2015) des de la seva experiència finlandesa, l'equitat consisteix a oferir bones escoles per a tots els alumnes. Ras i curt. Per fer-ho possible i assolir una oferta equitativa de bones escoles cal tenir molt en compte la distribució de recursos segons les necessitats de l'entorn d'escolarització. El finançament no pot ser uniforme ni estandarditzat.

Les dades internacionals posen de manifest que els alumnes socialment desfavorits tendeixen a assistir a escoles mal equipades, amb pitjor professorat i amb menys temps instructiu (OCDE, 2010). En la recerca de Calero i Escardíbul

(2017) es constata per a Espanya que els millors docents –els qui tenen més impacte net sobre els aprenentatges– estan sobrerepresentats a la concertada i entre l'alumnat socialment afavorit. La distribució del bon professorat pel sistema és, doncs, regressiva i no equitativa en detriment de l'alumnat més desfavorit, que és el més necessitat.

L'equitat educativa descansa sobre dos pilars complementaris: la *igualtat d'oportunitats* i la *inclusió* (Field, Kuczera i Pont, 2007). La *igualtat d'oportunitats* implica que el gènere, l'origen social familiar, l'origen migrant i ètnic o la discapacitat no han de ser barreres que afectin o determinin les trajectòries educatives. Les accions i polítiques d'igualtat d'oportunitats són intervencions que busquen igualar les condicions de partida i de procés perquè siguin el talent, l'esforç i la capacitat individual els únics factors responsables dels resultats. Rawls (1998) és l'autor de referència d'aquesta concepció normativa de la igualtat d'oportunitats, que justifica la desigualtat de resultats sempre que no empitjori el rendiment o la situació dels col·lectius més desfavorits, els quals mereixen accions afirmatives i compensadores. En el terreny educatiu, l'estructura comprensiva del sistema, amb un tronc unificat entre els 3-16 anys, l'equitat entre escoles no segregades o la política de beques serien alguns exemples d'aquesta dimensió de l'equitat.

La *inclusió* consisteix en la universalització, almenys, d'un mínim nivell de coneixements i competències que facultin i equipin a tothom per desenvolupar les seves capacitats com a ciutadans i treballadors. A diferència de la igualtat d'oportunitats, respon a una lògica de contínuum no centrada en les condicions prèvies, sinó en nous ajustos per tal que la igualtat d'oportunitats arribi a ser universal, cohesioni minimitzant la polarització entre els extrems i alhora s'elevin els resultats del conjunt i, en especial, dels col·lectius més desfavorits. Si la igualtat d'oportunitats focalitza l'obtenció de titulacions, la inclusió se centra més aviat en l'adquisició de competències funcionals per a la vida activa, cultural i ciutadana, tot superant les bretxes per gènere, edats, estrangeria, discapacitat o classe social.

Taula 6. Dimensions i enfocaments de l'equitat educativa.

<table>
<tr><td colspan="3">Equitat educativa
Afeblir la influència dels orígens socials en l'aprenentatge, les aspiracions, la titulació i la inserció laboral de les noves generacions amb polítiques socials i educatives (finançament, currículum i professorat) adequades a l'estat de necessitat dels entorns, barris i composició social de les escoles.</td></tr>
<tr><td>Igualtat d'oportunitats</td><td colspan="2">Inclusió</td></tr>
<tr><td rowspan="3">Igualar les condicions de partida i de trajectòria neutralitzant els factors adscriptius (origen familiar, nivell econòmic, gènere, estrangeria o discapacitat) no imputables a la responsabilitat individual.

La desigualtat de resultats resultant s'ha de limitar a les diferències de talent, esforç i capacitat individual.

Exemple: estructura comprensiva del sistema educatiu, equitat interna i política de beques.</td><td colspan="2">Universalitzar la suficiència bàsica de coneixements i competències per equipar tothom per desenvolupar les seves capacitats i trajectòries en la vida social i econòmica sense restriccions pel seu origen social o condició.
Exemple: elevació de resultats capacitadora i reactivadora per enfortir la cohesió social i educativa</td></tr>
<tr><td>Inclusió capacitadora</td><td>Inclusió reactivadora</td></tr>
<tr><td>El talent o la capacitat d'aprenentatge estan determinats socialment. Tan sols són legítimes les desigualtats derivades de decisions i eleccions individuals.
Exemple: nova avaluació i currículum competencial, atenció a la diversitat, accions positives per escoles d'alta complexitat.</td><td>El potencial de titulació està condicionat per eleccions vitals fallides (com abandonar estudis) que requereixen segones oportunitats.
Exemple: acreditació de competències, retorn educatiu, modularitat de la FP, escoles d'adults.</td></tr>
<tr><td colspan="2">Ataquen i neutralitzen els efectes primaris de la desigualtat.</td><td>Ataca els efectes secundaris de la desigualtat.</td></tr>
<tr><td>Llibertat negativa: es permet als individus exercir la seva voluntat.</td><td colspan="2">Llibertat positiva: els individus poden exercir la seva voluntat perquè estan capacitats.</td></tr>
</table>

Font: elaboració pròpia.

La inclusió es reforça mitjançant dos enfocaments complementaris: la igualtat capacitadora i la igualtat reactivadora, ambdues derivades i inspirades per l'obra de Roemer (1998). Per a la igualtat capacitadora, els individus no són responsables ni dels seus orígens socials ni tampoc del seus talents assignats per la loteria natural (que poden haver estat estimulats o no a l'escola), ja que les capacitats, inclinacions i talents també venen determinats per l'herència social, que cal neutralitzar. La desigualtat de resultats considerada tolerable per aquest enfocament tan sols es limitaria a les causades per les decisions i eleccions individuals. Autors com Nussbaum (2011) i Amartya Sen (2001) propugnen aquest enfocament defensant una lògica de potenciació que supera les teories del dèficit o de carència que acaben sent assistencialistes. En l'àmbit educatiu, els exemples que se situen sota el marc de la igualtat reparadora/capacitadora serien les mesures efectives d'atenció a la diversitat, les accions compensatòries i de discriminació positiva en entorns d'alta complexitat, el foment de la parentalitat positiva o l'enfortiment de les associacions de mares i pares.

Però, fins i tot, l'aplicació de la igualtat capacitadora pot generar noves desigualtats sense atacar prou les causes últimes que condicionen els individus en les seves trajectòries. Per tal de garantir la plena inclusió, cal instrumentar la igualtat reactivadora, oferint noves oportunitats davant eleccions vitals fallides o males decisions en el passat que s'han de fer revertir, especialment en un context col·lectiu que indueix a errors de decisió com, per exemple, abandonar estudis per posar-se a treballar durant el cicle de creixement. El potencial d'aprenentatge i titulació quedaria així reforçat amb mecanismes reactivadors com l'acreditació flexible de competències per a titulacions de l'FP des de l'experiència laboral, l'educació d'adults i els programes de retorn a l'FP reglada i als estudis universitaris.

Objectius: augmentar les titulacions i dessegregar

La igualtat d'oportunitats s'ha d'entendre com l'eliminació dels obstacles i barreres que afecten persones i col·lectius vulnerats i que impedeixen assolir plenament els seus objectius o potencials vitals (Cohen, 2008). El concepte d'oportunitat no es refereix pas a una possibilitat hipotètica, sinó a una opció real i materialitzable, gràcies a un esquema de polítiques públiques que s'activen per garantir-la com a tal. És per això que cada oportunitat convertida en objecte de política púbica s'ha d'avaluar i contextualitzar tenint en compte:

a) les característiques i necessitats dels col·lectius diana a beneficiar i on volen incidir les polítiques i programes;
b) l'objectiu o meta perseguida (reducció de l'abandonament, de la segregació o del fracàs escolar, augment de la inclusió social, millora de la igualtat d'accés a carreres científiques, etc.);
c) els obstacles que s'interposen entre els col·lectius diana i els objectius o metes, ja siguin barreres i condicionants interns o externs al sistema educatiu, per exemple.

El nostre sistema educatiu genera massa fracàs escolar en forma de repeticions, abandons i manca de titulacions postsecundàries. A la figura 4 podem visualitzar la trajectòria de l'alumnat català matriculat a 4t d'ESO al curs 2011-12 i com s'ha anat repartint entre les diverses opcions i branques. El balanç de dos cursos després és de quasi un 35 % de desorientats, entre repetidors, abandons i no aprovats, convenientment segmentats entre ells. És una dada estancada i poc legítima, atès que renuncia a l'equitat i plena inclusió.

Figura 4. Trajectòria de la cohort matriculada a 4t d'ESO al curs 2011-2012.

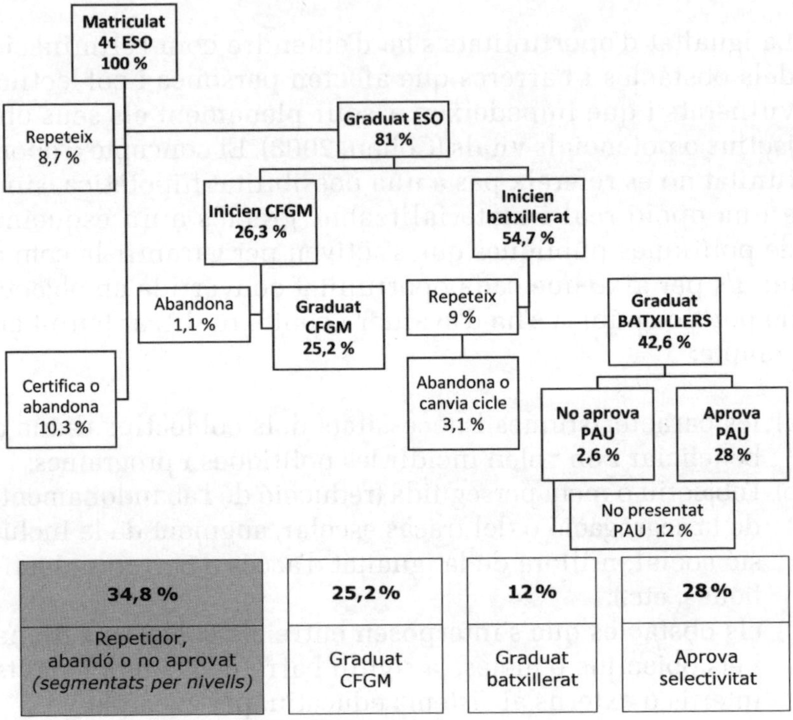

Font: elaboració pròpia amb dades del Sistema d'Indicadors d'Ensenyament dels cursos 2011-2012, 2012-2013 i 2013-2014. L'abandó de CFGM és un punt cec sense dades fiables.

Nota: les taxes de graduació corresponen a les taxes brutes del curs 2013-2014.

Tenim una comprensivitat restringida, massa selectiva i acadèmica que no respon a la diversitat de necessitats

Cal recordar que la comprensivitat, des de la seva concepció socialdemòcrata, va néixer amb tres grans objectius (Husén, 1988): a) incloure i eliminar les diferències, ja siguin rural-urbanes o de classe social; b) elevar les aspiracions educatives dels fills de la classe obrera, i c) desmercantilitzar els costos escolars, mitjançant la gratuïtat de llibres de text, materials, menjadors, sortides, colònies escolars i altres, que assumeix l'Estat.

A Catalunya s'ha desplegat un model de comprensivitat restringida que no ha desmercantilitzat els costos escolars ni ha reconegut el dret a la nutrició infantil, amb l'esclat de la polèmica sobre les beques menjador al llarg dels anys de crisi. Un model comprensiu limitat i sense recursos adients, que encara s'ha afeblit més amb la retallada de 358 milions entre 2009-2013 en programes d'equitat, inclusió i formació docent (Martínez-Celorrio, 2016*a*).

La comprensivitat s'ha distorsionat i ha acabat batxilleratitzant l'ESO. La secundària inferior (ESO) va ser concebuda per la LOGSE com a etapa integradora i no selectiva i s'ha sobreacademitzat com a etapa selectiva i propedèutica del batxillerat (Martínez García, 2009). Malgrat assumir verbalment el constructivisme, el professorat no ha variat la seva cultura didàctica ni avaluadora tradicional.

En lloc d'aplicar una atenció inclusiva de la diversitat i personalitzar els aprenentatges, la solució del professorat a l'ESO ha estat triplicar la taxa de repetidors amb relació a la primària[11] i augmentar la segregació per grups de nivell o *streaming* no reversibles que arriben a ser adoptats pel 30 % dels instituts públics (Aymerich i altres, 2011).

El 28 % de tots els joves de 28 a 34 anys no arriben més enllà dels estudis bàsics (ESO). Per la seva procedència segons el capital educatiu patern, el 7 % prové de pares universitaris, el 16 % de pares amb nivells secundaris i el 77 % de pares que no superen els estudis bàsics o ni hi arriben. Pel que fa als destins socials, el 43 % d'aquests joves se situa en posicions obreres, el 35 % està aturat o inactiu, el 13 % és autònom i tan

11. El curs 2015-2016, la taxa de no idoneïtat acumulada fins els 11 anys és del 6,9 %, mentre que a 4rt d'ESO és del 22,4 % (Departament d'Ensenyament, 2016).

sols el 9 % treballa com a empleat en posicions intermèdies (Martínez Celorrio i Marín, 2013).

Un primer objectiu per a l'equitat i la innovació educativa ha de ser reduir els abandons prematurs, fent més atractiu el gust per aprendre al llarg de les trajectòries escolars, però, especialment, en escoles i instituts de secundària. Catalunya té, el 2016, quasi la meitat del volum d'abandonament educatiu prematur (AEP) que tenia el 2008, i, per tant, hi ha marge de millora per continuar disminuint-lo. D'un màxim històric al qual es va arribar l'any 2008, amb el 33 %, hem passat al 18 % el 2016. L'efecte retenció durant la crisi ha servit per no abandonar de la mateixa manera que en els anys de la bombolla immobiliària, en què el creixement econòmic atreia i influïa a abandonar per posar-se a treballar sense titulació postobligatòria.

Tot i això, amb l'actual recuperació econòmica pot augmentar de nou la taxa d'abandonament prematur, i repetir-se les mateixes inèrcies heretades. El gran problema sistèmic és que l'augment de l'escolarització no es tradueix en augment de les taxes de titulació postobligatòria, tal com demostra Carabaña (2016). Tenim taxes d'escolarització molt properes a la mitjana europea, però, tot i romandre un temps equivalent escolaritzats, no s'obtenen les mateixes taxes de titulació:

- L'any 2013, l'escolarització entre els 18 i 24 anys s'acostava al 54 %, igual que la mitjana d'Europa, però la taxa de graduats a la secundària postobligatòria estava 13 punts per sota de la mitjana europea.
- De fet, el 35 % no ha acabat titulant-se en la postobligatòria malgrat que tan sols el 20 % dels joves entre 19-24 anys tenen una baixa competència lectora en PIACC (Capsada, 2013).
- Això vol dir que el sistema educatiu penalitza sense titulacions postobligatòries entorn del 15 % dels joves que demostren més competències que les esperades pel seu

títol bàsic en ESO. Aquest 15 % exclòs de titulació és el que ens separa de la mitjana europea en titulació.
- Per tant, hi intervenen factors *in-school* o pròpiament escolars del centre, que, tot i el potencial de capacitats demostrat a les proves PIACC, no faciliten la continuïtat escolar post-ESO i expulsen un perfil en què predominen els joves de baix origen social i en què trobem una forta presència immigrant.

Un segon objectiu per a l'equitat i la innovació educativa ha de ser reduir i fer revertir la segregació escolar de clienteles. En especial, ens cal un pla de xoc per dessegregar les 101 escoles amb més del 50 % de l'alumnat d'origen estranger, percentatge que no es correspon amb el del seu barri, tal com assenyala el darrer informe del Síndic de Greuges (2016). Com ja va demostrar Coleman (1966), la composició social de les escoles és un factor intern molt important que cal tenir en compte si volem reduir la desigualtat educativa. Les característiques socioeconòmiques i acadèmiques dels estudiants amb qui un alumne comparteix la seva vida escolar tenen un efecte clar sobre els seus resultats acadèmics.

En escoles segregades amb alta concentració de nens pobres, els resultats són molt pitjors que en escoles amb una composició més diversa, mixta i interclassista. En un estudi amb disset països de l'OCDE, Vandenberghe (2002) demostra que, en l'explicació de la desigualtat educativa, l'impacte de l'efecte companys (*peer effect*) en els resultats escolars és més determinant que els orígens socials, les ràtios d'aula o l'experiència del professorat. Les evidències acumulades recomanen la necessitat de desconcentrar les escoles guetitzades amb forta presència d'alumnes vulnerables i baix origen social, redistribuint l'alumnat en centres més interclassistes per augmentar l'equitat de resultats i reduir la complexitat socioeducativa.

Figura 5. Distribució comparada dels alumnes per tipus d'escola als 15 anys.

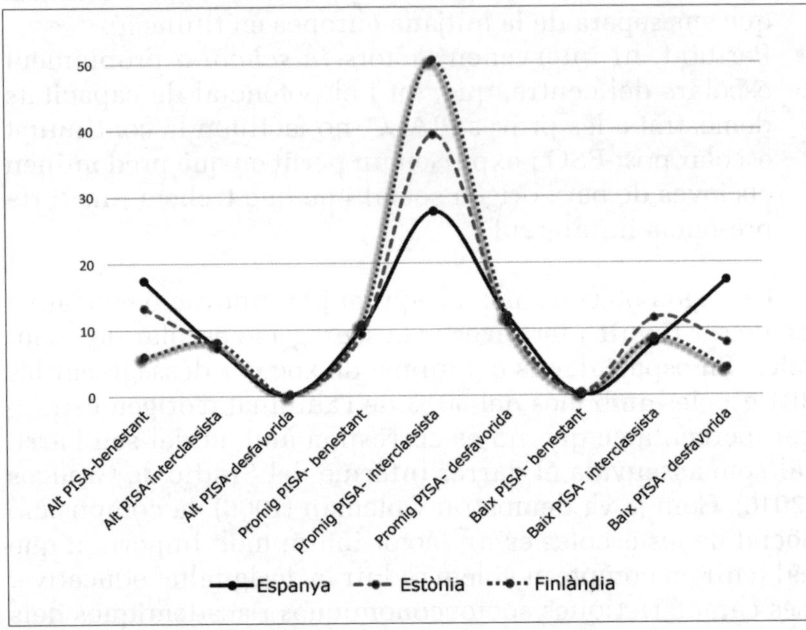

Font: elaboració pròpia a partir de PISA-2012.

La figura 5 presenta la repartició de la matrícula d'alumnat per tipologies d'escola, definides per la seva composició social i els resultats a PISA-2012 en matemàtiques. Podem comprovar com l'escola interclassista que alhora obté resultats en la mitjana de PISA concentra el 50 % de l'escolarització a Finlàndia i el 40 % a Estònia, però tan sols representa el 28 % de la matrícula a Espanya. La distribució en forma de *W* de la matrícula a Espanya ens informa del poc pes que té l'escola interclassista de rendiment mitjà i una polarització simètrica entre el pes de l'escola benestant d'alt rendiment (17,4 %) i l'escola desfavorida de baix rendiment (17,3 %).

En canvi, la distribució de matrícula més equilibrada a Estònia i Finlàndia és un factor determinant dels bons resultats del tipus d'escola interclassista, que, per altra banda, és el símbol per excel·lència de l'escola comprensiva que educa en diversitat. En el cas espanyol, caldria reduir a la meitat el pes de les escoles de baix rendiment i d'entorn desfavorit per engreixar la matrícula de l'escola interclassista. El mateix hauria de fer-se amb l'extrem benestant. Alhora, els resultats PISA en escoles d'alta complexitat d'Estònia o Finlàndia té un diferencial de 48 punts respecte a les d'Espanya (representen quasi 2 cursos per darrere).

Canvis potenciadors de l'equitat interna del sistema

El sistema en quedaria beneficiat amb una redistribució de la matrícula escolar i amb un canvi innovador de la matriu escolar i curricular que consolidés millors aprenentatges i augmentés les titulacions en postsecundària. En aquest apartat, descriurem els canvis interns del sistema que han de conduir a elevar el nivell general de sabers i competències des de la inclusió i l'equitat. L'escola ha de canviar processos i rutines de funcionament que s'han demostrat ineficients i gens equitatius (Schmidt, 2015; Faubert, 2012; Heckman, 2011; Field, Kuczera i Pont,2007).

Els factors interns d'equitat escolar són les mesures i decisions d'organització del sistema educatiu que són cabdals per garantir la igualtat d'oportunitats en l'èxit escolar i la promoció educativa dels sectors socials més desfavorits. Elevant i millorant els seus resultats, el sistema guanya en excel·lència i en una distribució socialment més justa dels resultats. Els factors interns deriven de decisions institucionals que podem dividir en tres dimensions, de nivell macro, meso i microinstitucional:

1. El finançament equitatiu del sistema: es refereix a les decisions d'inversió material i de gratuïtat escolar que s'han pres des de la política educativa. Se situen en un nivell macroinstitucional de decisió. Exemples concrets:

- Oferta pública d'educació infantil gratuïta (0-6 anys).
- Educació bàsica i secundària gratuïta (6-18 anys).
- Política de beques i ajudes per a la continuïtat educativa dels alumnes pobres i de llars amb rendes baixes.
- Reducció de ràtios a les aules d'escoles situades en zones socialment vulnerables.
- Igualació de recursos i equipaments en totes les escoles per garantir que siguin atractives, dignes i no competitives entre elles.
- Eliminar la segregació escolar per classe social, pobresa i ètnia.
- Finançament equitatiu en funció de les necessitats d'entorns i barris.

2. El disseny equitatiu del sistema: fa referència a les decisions d'organització i disseny curricular didàctic que configuren el model pedagògic oficial (Bernstein, 1988). Són factors que se situen en un nivell mesoinstitucional de decisió o nivell intermedi entre el macro i el micro. Exemples concrets de factors interns d'equitat en aquesta dimensió:

   - Disseny comprensiu del sistema amb graduació única en acabar l'ESO.
   - Educació inclusiva en l'aula.
   - Malles curriculars equilibrades centrades en nuclis fonamentals que evitin la sobrecàrrega i reiteració de continguts.
   - Disseny curricular basat en competències i projectes interdisciplinaris.
   - Eliminació de la repetició de curs pel fet de ser antipedagògica.
   - Avaluació formativa centrada en els èxits i no en els errors.
   - Treballs per a la comunitat i aprenentatge-servei.

3) L'acció equitativa del professorat: és una dimensió que se situa en un nivell microinstitucional, que inclou les decisions pedagògiques i organitzatives del professorat i de les direccions de centre. Exemples concrets que afavoreixen l'equitat interna en aquesta dimensió:

- Altes expectatives per a tots els alumnes.
- Relació social amb els alumnes sense prejudicis, evitant l'etiquetatge.
- Igualtat de tracte a l'aula i referent adult significatiu a dins i fora.
- Atenció a la diversitat i personalització de necessitats d'aprenentatge.
- Agrupació d'alumnes en aules mixtes, evitant l'*streaming* (agrupació per nivells de capacitat).
- Didàctiques i pedagogies actives no centrades en la memorització.
- Tutorització i orientació humana, educativa i professional.
- Animador de la participació de l'alumnat i les famílies en la democràcia interna i la gestió de l'escola.
- Generador d'activitats obertes i de relacions enriquidores amb l'entorn.

A continuació presentem les propostes de canvi innovador dels factors interns que farien augmentar l'equitat de resultats i elevarien el nivell general de competències i titulacions, tot recuperant la reserva de talents que es perd a causa de la iniquitat excessiva del sistema. Són mesures de canvi intern del sistema que afecten el currículum, l'estructura del sistema, l'organització de l'aula, les repeticions, la gestió de districtes educatius, les beques i el finançament equitatiu de centres basat en necessitats. Suposen una agenda de canvis interns que s'han de combinar amb els canvis predistributius externs que proposem en el següent apartat.

Finançament escolar equitatiu basat en necessitats

El nou paradigma de finançament s'ha de definir segons la necessitat d'equitat. Com a criteri distributiu, el principi de la diferència de Rawls (1998) recomana assignar els recursos donant prioritat a la infància i adolescència més vulnerable i a les dianes més sensibles del sistema, on es genera més desigualtat (la no titulació en secundària superior, l'abandonament prematur o la segregació entre escoles).

Un bon exemple de paradigma de finançament basat en necessitats és la llei de finançament escolar equitatiu de Califòrnia (2013). Va ser dissenyada després de la recessió patida als Estats Units i té previst invertir 18.000 milions de dòlars fins al 2021. És una llei que atorga més finançament a les escoles més necessitades, condicionat no pas als resultats acadèmics dels alumnes, sinó a plans de millora i d'innovació educativa, d'implicació de les famílies en l'escola, de parentalitat positiva i de participació dels estudiants.

Els tres col·lectius diana que s'han prioritzat són: alumnes tutelats o en famílies d'acollida, alumnes de famílies amb baixos ingressos i alumnes de famílies immigrants. És una llei que reforça i delega més autonomia local a la mateixa escola i les famílies per aprovar el pressupost de l'escola, detectant les necessitats i implicant les famílies en tot el procés. En termes comparats a l'esforç inversor fet per Califòrnia, si la mateixa llei s'apliqués a Catalunya, suposaria una inversió equivalent i ajustada a la població de 3.146 milions d'euros fins a l'any 2021 (630 milions anuals) a afegir a l'actual pressupost.

Nou sistema propi de beques

L'article 158.2.b de la LEC (Llei d'educació de Catalunya) preveu un sistema propi de beques i ajuts a l'estudi. Les beques incrementen un 28 % la possibilitat de graduar-se en la secundària postobligatòria com més baix sigui el nivell cultural i de renda familiar (Martínez-Celorrio, 2015*a*). No obstant això, el disseny del sistema espanyol de beques és poc redistributiu i massa centralista, i infrafinança comunitats com Catalunya. La despesa en beques a Catalunya representa el 3,5 % de la despesa pública educativa, mentre que la mitjana europea és del 7,5 %, a Gran Bretanya és del 9,4 % i a Dinamarca quasi és el 15 % (Martínez-Celorrio, 2015a).

L'objectiu de duplicar la inversió en beques ha de formar part de l'estratègia catalana dels objectius Europa 2020. Duplicar-la pot suposar injectar uns 162 milions més al pressupost. Cal arribar a un consens de país per concebre un sistema de beques més equitatiu, diversificat i vinculat a l'èxit i la continuïtat educativa fins a titular-se a la postobligatòria, característiques que no són prou garantides per l'actual sistema.

Cal multiplicar i diversificar les beques amb tutorització i seguiment al batxillerat i a l'FP entre els fills de famílies de renda baixa, tot incorporant contraprestacions comunitàries. Repetir curs al batxillerat o no superar un mínim de crèdits a l'FP no hauria de ser motiu d'exclusió de beca com passa actualment. Al contrari, s'han de crear modalitats singulars de beca de reforç que incentivin la via lenta i/o la continuïtat fins a la graduació al batxillerat amb un pla personalitzat.

No es tractaria només d'una transferència monetària per cobrir costos directes, indirectes o d'oportunitat, sinó que també inclouria avantatges en el consum cultural, d'arts, museus i espectacles, i la participació en projectes d'aprentatge-servei. Les beques de reforç s'haurien d'activar durant el primer trimestre de curs per part del professorat dels centres amb un barem de rendes familiars a determinar.

S'ha de crear un comissionat de promoció educativa de caire interdepartamental (Ensenyament i Universitats) per tal de projectar, impulsar i rendir transparència sobre el sistema català de beques. Així quedarien unificades les fonts estadístiques sobre beques i ajuts a l'estudi i es gestionaria el registre de becaris, avui inexistent, que hauria d'estar vinculat amb l'historial acadèmic individual.

Invertir en petita infància i universalitzar l'escola bressol

L'escola bressol i la criança 0-3 anys és una etapa clau per fonamentar les futures bases i rendiments de l'aprenentatge cognitiu i no cognitiu. Per cada dòlar invertit en serveis d'atenció a primera infància, el retorn i la rendibilitat està entre el 7 % i 10 % en benefici de l'Estat i dels contribuents (Heckman, 2011). Els beneficis multiplicatius de la inversió en primera infància acumulen rotundes evidències tant en països avançats com en vies de desenvolupament (Denboda, 2014; Duncan, 2011; Nadeau, 2011; Esping Andersen, 2010). Invertir en primera infància assegura taxes més altes de graduació postobligatòria, que s'assoleixin títols universitaris sense tanta influència de l'origen social i, alhora, possibilita més mobilitat social ascendent (Restuccia, 2004).

En el cas de Catalunya, tots els alumnes resilients d'entorns desfavorits, que són el 13 % i estan capturats per PISA-2009, van completar l'etapa 3-6 anys (Ferrer, 2011). Al curs 2013-2014, el 36 % dels nens de 0-2 anys estaven escolaritzats a Catalunya, lluny del 51 % del País Basc. El problema rau en la no gratuïtat i desigualtat d'accés, ja que mentre que el 65 % dels pares universitaris escolaritzen als seus petits, només ho fan el 32 % dels pares amb estudis primaris (Síndic de Greuges, 2015). Entre els fills d'estrangers només representen el 4 % però suposen el 20 % en el grup poblacional d'aquestes edats.

Per tant, cal convertir en gratuïta una oferta diversificada de serveis de criança entre els menors de 3 anys (escoles bressol, guarderies, llars de criança o grups de mares de dia). A causa de les retallades i l'austeritat lineal, les aportacions públiques que subvencionen o tarifen el cost de les places s'han reduït fins als 53,4 milions el 2013 (Síndic de Greuges, 2015). Una mesura predistributiva expansiva i gratuïta de l'escola bressol representaria multiplicar per 6 la despesa pública del 2013 i suposaria una inversió anual de 327 milions (l'equivalent al 2 % del volum anual de frau fiscal estimat a Catalunya).

Nova etapa intermèdia (10-13 anys) entre primària i ESO

En l'estructura d'etapes educatives del sistema, es produeix una transició forçada als 12 anys amb el canvi de l'escola primària cap als instituts i centres de secundària. Resulta una ruptura que no està ben vehiculada ni respon a les necessitats concretes de maduració. Als 12 anys, els alumnes encara no han entrat en l'etapa de pensament abstracte pel seu desenvolupament natural (s'hi entra als 14 anys), però el sistema l'anticipa i l'imposa. Als 9 anys finalitza el procés de lectoescriptura i la matemàtica bàsica i s'obre una etapa intermèdia entre els 10-13 anys de desenvolupament cognitiu centrat en les operacions concretes, en què s'ha de treballar la curiositat, la creativitat i les intel·ligències múltiples des de metodologies actives i interdisciplinàries.

Instituir una nova etapa intermèdia que inclogui de 5è de primària a 2n d'ESO, en un clima de treball híbrid entre la calidesa de la primària i l'exigència de la secundària, resoldria el desajust que es produeix en els dos primers anys d'ESO i que es tradueix en un 6 % de repetidors cada curs. Un mal començament de l'ESO condiciona la trajectòria posterior, especialment entre l'alumnat socialment més vulnerable, a qui pitjor repercuteix aquest tall tan brusc entre l'escola i l'institut.

Comprensivitat sense repeticions ni *streaming*

Multitud de recerques demostren els efectes negatius de les repeticions i dels agrupaments per capacitat. Són un causant directe de desigualtat, desmotivació, *bullying* i abandonament i no resulta demostrable que augmentin les taxes de graduació (Bridgeland, 2010; Brophy, 2006). Finlàndia té un sistema comprensiu basat en el suport personalitzat constant i en la modularització optativa en el batxillerat, que inclou continguts proveïts dins i fora dels instituts, de tal forma que l'alumne va construint el seu itinerari curricular. En lloc de repetir tot un curs, tan sols es repeteixen aquells mòduls o àrees no superats. La seva taxa de repetidors és del 4 % (Välijärvi i Sahlberg, 2008).

A Espanya, el 33 % dels alumnes de 15 anys ha repetit algun curs al llarg de la seva trajectòria. El problema és que, entre els alumnes d'origen desfavorit, la taxa és del 53 %. De fet, a igual nivell de competència PISA, el sistema fa repetir a Espanya els alumnes desfavorits fins a quatre cops més respecte als qui no són pobres (OCDE, 2014).

El cost anual de les repeticions suposa el 14 % de la despesa en primària i secundària (OCDE, 2011). Traslladat al cas català, amb una taxa inferior de repetidors a primària i a secundària, el cost de les repeticions pot representar el 7,5 % del total de despesa escolar (320 milions anuals). Una quantitat aprofitable si erradiquem la repetició i destinem els recursos a solucions més personalitzades, d'acompanyament, modularització i comprensivitat inclusiva, tal com fan a Finlàndia.

La literatura sociològica ha demostrat que l'agrupament per nivells de capacitat (*streaming*) no és una mesura puntual i reversible, sinó tot el contrari, acaba instituïda als instituts com una mesura irreversible de segregació horitzontal. A més, l'assignació a grups de nivell no ve donada només per criteris de rendiment i conducta. Oakes (2005) va demostrar que els joves més pobres i de minories ètniques tenen més probabilitats d'acabar en els grups de baix nivell malgrat tenir capacitats més elevades. La metaanàlisi de Nusche (2009) arriba a les mateixes conclusions.

S'estima que, a Catalunya, entorn del 30 % d'alumnes de 15 anys estan agrupats en *streaming* de baix nivell (amb fort predomini en la xarxa pública i d'alumnat d'origen social baix) sense que aquesta mesura dels centres millori els seus resultats ni les seves aspiracions (Aymerich, 2011; Ferrer, 2009). Funciona com un efecte Pigmalió negatiu, com una profecia autocomplerta que condueix l'alumnat més vulnerable, més repetidor i més desmotivat pels continguts cap a l'abandonament i la insuficiència de competències.

Ens cal un replantejament a fons de com cal educar les noves adolescències sota un marc de comprensivitat més inclusiu, personalitzat i eficient, sense repeticions ni *streaming*. La sobreacademització de l'ESO ha estat un procés distorsionador dels plantejaments originals de l'atenció a la diversitat que cal fer revertir, redefinint els propòsits i metodologies de l'ensenyament secundari en perspectiva 2020.

Aprimar el currículum i enfortir el vincle educatiu amb l'escola

Mantenim un format curricular a la secundària pensat per l'escolarització de masses d'una societat industrial que ja no existeix. Tenim uns currículums sobrecarregats, dissenyats amb una mentalitat predigital, enciclopèdica i memorística. Alhora, el coneixement continua parcel·lat en assignatures amb un professorat especialista que gairebé no treballa en comú, ensenya i avalua tal com ho van fer amb ell/a i recela del treball interdisciplinari.

Segons l'informe TALIS de l'OCDE (2013), el 87 % del professorat espanyol de l'ESO mai ha observat l'aula d'altres professors, una xifra que duplica la mitjana de l'OCDE i que a Corea es redueix al 5 %. Quasi la meitat dels professors espanyols (48 %) mai ha participat ni col·laborat en activitats conjuntes amb altres assignatures. També resulta el doble que la mitjana de l'OCDE (23 %), mentre que, a països com Polònia o Dinamarca, aquest perfil individualista és tan sols del 10 % del professorat.

L'ESO ha quedat batxilleratitzada per bona part del professorat, que mai ha acabat d'assimilar la comprensivitat i l'augment de la diversitat de l'aula com a reptes de creixement professional. Els nous canvis socials externs exigeixen una revisió profunda del currículum i de les formes escolars d'ensenyar i aprendre. S'ha d'aprimar i flexibilitzar el currículum prescrit, donant més llibertat organitzativa d'espais i temps a un professorat més ben capacitat que actuï amb metodologies actives i enfocaments interdisciplinaris (Coll, 2016; Martínez-Celorrio, 2016*b*).

L'aprenentatge matemàtic als 15 anys, per exemple, està massa centrat en la matemàtica més abstracta i no pas en l'aplicada i la matemàtica social. Aquesta decisió curricular fa que s'exacerbi la desigualtat de resultats per origen social (OCDE, 2016). Per això es recomana de centrar-se en els fonaments durant més temps per després poder extrapolar i seguir amb continguts més personalitzats i sempre vinculats a la vida real.

El currículum bàsic, especialment a l'ESO, no ha d'estar tan detallat ni prescrit com ara ho està amb una llista que intenta abastar molt i aconsegueix modestos resultats i massa superficialitat. La introducció de la nova etapa intermèdia (10-13 anys) permet un nou disseny curricular més coherent i integrat que fonamenti millor les bases de l'aprenentatge intel·lectual entre els 14-16 anys. Per això, cal determinar quins nuclis fonamentals dels sabers permeten l'aprenentatge rellevant i aprimar continguts redundants que responen a una lògica enciclopèdica, tal com s'ha fet fa poc a Finlàndia (2016).

La introducció de formes globalitzadores curriculars com l'aprenentatge basat en projectes en les escoles més innovadores demostra que té un impacte igualador i de més eficàcia que el model magistral tradicional, almenys als Estats Units (Martínez-Celorrio, 2016). Per liderar les noves formes curriculars i didàctiques cal un replantejament a fons de la formació inicial del professorat i una reforma de les facultats d'educació, massa aïllades en si mateixes i reproductores d'un currículum taylorista i gens coordinat, que no respon a les necessitats actuals d'aprenentatge, sinó més aviat a relacions de força i interès corporatiu dels departaments implicats.

Districtes educatius preferents

La classificació d'escoles i instituts segons el seu grau de complexitat decidida pel Departament d'Ensenyament ha de fer un pas més enllà. Es tracta de 340 centres d'alta complexitat que concentren la màxima vulnerabilitat social i educativa.[12] Atesa la literatura internacional, aquests centres han de destacar amb plantilles estables i motivades, un finançament a mida, innovació curricular ben fonamentada, educació expandida al territori i incentius de la parentalitat positiva. Però el gran repte és crear districtes escolars singulars en cadascun dels barris catalans que concentren més pobresa, atur i immigració. En aquests contextos d'alta complexitat, s'ha d'assajar un nou tipus de gestió de la xarxa pública en clau comunitària i integrada, amb plantilles estables de professorat més ben pagat i amb més autonomia curricular i pedagògica.

En aquests tipus de contextos, s'han de superar esquemes burocràtics clàssics i reforçar una nova etapa intermèdia entre els 10-14 anys, traspassant els límits que imposa la separació estricta d'etapes educatives entre primària i ESO. Aquestes i altres mesures singulars només poden ser gestionades des d'un districte escolar amb poder delegat per emprendre canvis i innovacions que millorin els resultats i la convivència, com per exemple:

- Augmentar el salari dels educadors donada la complexitat del barri.
- Estabilitzar plantilles competents i ben formades de professorat.
- Alliberar temps lectiu al professorat perquè pugui reflexionar sobre la seva pràctica, formar-se, coordinar-se o implicar-se en el treball comunitari.
- Reforçar el nombre d'educadors socials i mediadors comunitaris.
- Obrir els instituts a les tardes amb horari lectiu i extraescolar.
- Tenir dos professors per aula quan és necessari.

12. Identificats en la Resolució del Departament d'Ensenyament de 21 de maig de 2014.

- Introduir metodologies d'aprenentatge cooperatiu, inclusiu i per projectes, tot evitant l'agrupació d'alumnes per *streaming*.
- Vincular les escoles i els instituts amb la ciutat educadora, fent de la ciutat un text curricular a investigar, descobrir i aprendre a partir dels seus recursos, empreses, administracions i instal·lacions (d'energia, de subministraments, de reciclatge, de transports, de cultura, etc.).
- Acceptar encàrrecs d'empreses i col·lectius per resoldre problemes i exercicis de la vida econòmica real.
- Instal·lar minicentrals solars a les teulades d'escoles i instituts, amb manteniment a càrrec de professionals i dels mateixos alumnes.
- Obrir l'avaluació dels projectes, exercicis i encàrrecs desenvolupats pels alumnes a tribunals d'adults, veïns i professionals de reconegut prestigi.
- Garantir mentories d'acompanyament al final de l'ESO i al llarg del batxillerat i dels estudis de FP per reduir els abandons.
- Reconèixer l'esforç meritocràtic dels alumnes i la millora personal de resultats amb un sistema de bons, incentius culturals i gratificacions adequades a la seva edat.

Moltes d'aquestes actuacions són avui impossibles de realitzar des dels centres considerats individualment i des dels marcs normatius vigents. El districte ha de funcionar en una escala supraescolar i intercentres que articuli, gestioni i experimenti una nova forma d'ensenyar i d'aprendre. Els districtes prioritaris i singulars seran capaços de potenciar un nou ecosistema de cohesió i èxit socioeducatiu que trenqui el cercle tancat de la desigualtat, conjuntament amb la resta de mesures que anem exposant.

Tercera secundària de garantia juvenil

Cal integrar els programes de garantia juvenil, escoles d'adults per treure's el graduat, unitats externes d'escolarització i centres de segona oportunitat en una tercera secundària com a *track* recuperador dels abandons. Dissenyat de forma flexible i modular i sota inspecció educativa especialitzada, s'ha d'orientar cap a la titulació professional i educativa dels joves beneficiaris, recuperant l'autoestima i accelerant l'adquisició de competències bàsiques.

La tercera secundària (en paral·lel i equivalent amb el batxillerat i l'FP mitjana) actuaria des de la igualtat capacitadora i la igualtat reactivadora amb clars components d'educació social. Les accions no han de limitar-se a buscar la primera inserció en un mercat de treball d'alta rotació i precari, sinó a garantir un esquema d'acompanyament fins a assolir una titulació postobligatòria. Per això cal potenciar els mecanismes modulars i oberts que permetin personalitzar la formació, la pràctica, l'aprenentatge cultural i l'acreditació flexible que entronqui amb les titulacions reglades d'FP mitjana.

La inscripció en aquests esquemes no hauria de ser voluntària, com passa ara, sinó responsabilitat dels ajuntaments de censar tots els abandons i atraure'ls en aquesta tercera secundària, tal com fan als països escandinaus. Per tal d'evitar un tracte discriminatori, cal derogar el requisit de nacionalitat espanyola que exclou els joves de nacionalitat estrangera dels actuals programes de garantia juvenil.

La tercera secundària quedaria reforçada amb una xarxa de mentoria social per part de professionals d'empresa que actuarien com a referents de la inclusió i elevació d'aspiracions dels joves recuperats. Alhora, caldria bonificar la inscripció amb una petita beca mensual i un paquet de bonificacions de consum cultural, musical i lleure juvenil més enllà dels seus barris.

Canvis predistributius en els factors externs

Incidir en els canvis d'equitat interna no és l'única gran mesura que podem activar; cal que hi afegim canvis predistributius en els factors externs, que són els més determinants pel que fa a les oportunitats educatives. La societat no pot deixar sola l'escola per igualar oportunitats. De fet, com menys desigualtat social d'origen hi hagi, millors seran les condicions d'educabilitat i l'efecte igualador de l'escola. En aquest apartat, veurem primer quin és el marge de capacitat igualadora de l'escola i quins canvis predistributius externs caldria instrumentar a favor de l'equitat.

La capacitat igualadora de l'escola, en qüestió

La moderna sociologia de l'educació va néixer ara fa 50 anys amb el famós informe Coleman (1966) que rep el nom del seu director, James Coleman (1927-2013). Amb una mostra composta per 3.100 escoles de primària i secundària, 60.000 professors i més de 600.000 estudiants enquestats, l'informe Coleman va generar una gran polèmica davant els seus resultats inesperats. Va utilitzar per primera vegada proves estandarditzades de coneixements i metodologies estadístiques innovadores per al seu temps. L'informe Coleman concloïa que l'escola no pot fer gran cosa contra el fracàs escolar atès que els resultats estan determinats per les desigualtats socials externes. Els seus tres principals resultats són els següents:

- Les desigualtats d'èxit escolar per classe social i ètnia no es deuen a factors de política educativa o de recursos (despesa pública, equipament de l'escola, professorat, currículum, etc.), sinó a les condicions externes de privació socioeconòmica i cultural de les famílies.
- Les característiques socioeconòmiques dels alumnes i les dels seus companys d'escola –per tant, la composició social de les escoles– són determinants externs molt forts

que limiten la capacitat de l'escola per igualar oportunitats. Una causa significativa és la segregació dels estudiants, que s'agrupen en les mateixes escoles segons la seva condició socioeconòmica i ètnica.[13]

- El pes de la desigualtat externa explica al voltant de dos terços de la desigualtat de resultats escolars. Per tant, la prioritat ha de ser reduir la pobresa i les desigualtats socials que afecten les famílies, igualant també les escoles entre si i erradicant la segregació.

Els efectes primaris de la desigualtat són determinants en el primer cicle vital (0-18 anys) i es refereixen als condicionaments que imposa la família i el seu capital cultural, social i econòmic a les trajectòries i rendiments dels seus fills. Més en concret, la família i la petita infància (0-5 anys) son esferes de màxima desigualtat, on els estils educadors dels pares, els seus hàbits culturals, el seu capital social, la seva capacitat econòmica i el seu lleure educador difereixen molt a l'hora d'estimular cognitivament el potencial dels seus petits. En països com la Gran Bretanya, la contribució relativa dels efectes primaris de la desigualtat és molt forta (76 %) sobre el total de la desigualtat de resultats un cop s'ha arribat a la condició adulta (Jackson, 2001). En el cas dels Estats Units, els efectes primaris i, per tant, les desigualtats externes a l'escola expliquen més del 66 % de la desigualtat de resultats entre alumnes blancs i afroamericans (Phillips i altres, 1998).

Altres estudis previs a PISA estimaven l'impacte igualador de l'escola entorn del 20 % i continua confirmant-se que és superior en matemàtiques que en la resta d'àrees de coneixement (Teddlie i altres, 2000). Recerques comparades més recents, especialment en el corrent d'«escoles eficaces» també

13. L'informe Coleman (1966) constatava una gran segregació racial entre les escoles dels Estats Units. El 80 % d'alumnes d'origen anglosaxó anava a escoles amb un 90-100 % de companys de la mateixa condició ètnica. Per la seva banda, el 65 % dels alumnes d'origen afroamericà estudiava en centres amb companys de la seva mateixa condició ètnica.

han demostrat que l'aportació neta de l'escola se situa entorn del 20 % (Sammons, 2007), una magnitud de valor afegit que no és menor, sinó molt apreciable, davant el significatiu pes condicionant de les desigualtats externes.

Però, alhora, certs aspectes estrictament escolars com la forma d'estratificació del sistema, les didàctiques curriculars, l'avaluació, l'*streaming* per grups de capacitat o la tradició de fer repetir curs fan empitjorar la desigualtat d'entrada al sistema i amplien les desigualtats en el punt de sortida.

El mateix sistema produeix selectivitat social i desiguala les capacitats amb pràctiques didàctiques, rutines i dissenys inapropiats que fan privar d'oportunitats significatives d'aprenentatge els alumnes desfavorits, que, paradoxalment, són els qui més necessiten l'efecte escola (Hanushek i Wöessmann, 2010; Causa i Chapuis, 2009).

Recents recerques posen de manifest el paper desigualador que té la mateixa escola. Per exemple, Schmidt (2015) demostra com l'estructura curricular i la forma d'ensenyament de les matemàtiques explica el 37 % de la bretxa de rendiment entre alumnes afavorits i desafavorits als Estats Units. A Espanya, segons aquesta recerca, els factors *in-school* de tipus didàctic expliquen el 42 % de la bretxa de resultats en matemàtiques. Per tant, l'escola no té un paper neutre i l'efecte escola sí que importa, sobretot quan resulta eficaç en entorns desafavorits, oferint una atenció efectiva a la diversitat sense rebaixes de nivell, sinó amb justícia curricular i dissenys potenciadors que generin resiliència i noves aspiracions de superació (Connell, 2006; Levin i altres, 2001; Apple i Beane, 1997; Slavin, 1996). Potenciar el efectes equalitzadors i reduir els desigualadors és un repte per a tota política d'equitat educativa.

Sabem que l'impacte igualador o equalitzador més fort que exerceix el sistema educatiu es produeix en l'educació infantil, en què els fills de les famílies de baix capital cultural i nul hàbit lector en són els més beneficiats respecte a la resta d'orígens socials (Cebolla i altres, 2015). Segons aquesta recerca, al llarg de l'educació primària (6-11 anys), l'efecte igualador de l'etapa infantil va minvant molt a poc a poc al llarg de la primària fins a arribar a l'ESO (12-16 anys), quan ja desapareix del tot i passa a predominar la reproducció i ampliació de les desigualtats d'origen. Per això la inversió igualadora, gran o petita, que es fa a educació infantil s'acaba diluint a causa de la lògica acadèmica i selectiva que s'ha imposat a l'ESO, traduïda després en un excessiu abandonament precoç d'uns joves poc qualificats i de majoritari origen social baix i modest.

L'educació té, de fet, una doble funció: d'una banda, és un factor igualador que redistribueix oportunitats en funció de la capacitat i l'esforç; però, per altra banda, també és un factor reproductor de les desigualtats culturals sota l'efecte Mateu. A la figura 6 podem visualitzar com el sistema educatiu processa i filtra les desigualtats d'entrada, hi aplica els factors interns d'equitat i acaba legitimant una nova estructura de desigualtats per a la societat.

Inversió i propostes per afeblir les desigualtats externes

Si volem reforçar la funció igualadora de l'escola, cal alleugerar el pes i complexitat limitadora que li representa una excessiva desigualtat. Per fer-ho, cal activar canvis innovadors des d'una lògica predistributiva (Martínez-Celorrio, 2015*b*) que neutralitzi les causes de les desigualtats externes. D'aquesta forma, la inversió posterior en equitat i els canvis en equitat interna seran més eficaços.

Renda mínima infantil per a famílies pobres

L'evidència demostra que els més afectats per l'ajust i el decrement de la inversió educativa són els alumnes de famílies empobrides per la crisi, juntament amb les famílies que ja són les més desfavorides (Richardson, 2010). L'atur perllongat, l'estrès i angoixa familiar per la manca de recursos, l'aïllament relacional o l'estigma social d'una llar empobrida tenen conseqüències educatives per als fills escolaritzats que poden tenir seqüeles de llarg termini en les seves trajectòries.

Figura 6. Interacció entre determinants externs i factors interns d'equitat.

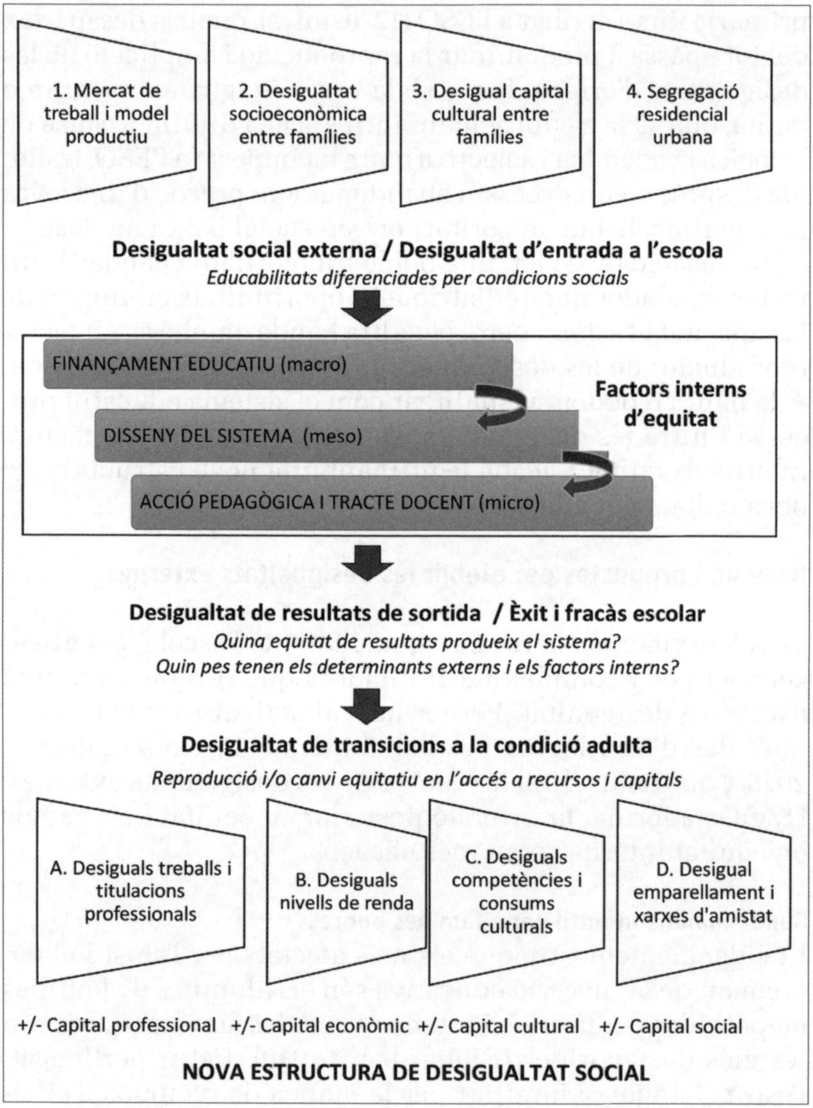

Font: elaboració pròpia.

Per això convé introduir esquemes de renda mínima garantida per a famílies amb menors en situació de pobresa (30 % a Catalunya) i pobresa severa (18 %). Els esquemes de rendes mínimes d'inserció (RMI) s'han de substituir per prestacions familiars (*child benefits*) per tal de cobrir tota la població menor de 18 anys de famílies pobres. Així quedarien substituïdes les desgravacions fiscals per fills, els ajuts discrecionals dels ajuntaments i altres ajuts que fragmenten la resposta per a aquest perfil de famílies. Una renda mínima infantil podria introduir mesures de condicionalitat relacionades amb el rendiment i l'aprofitament escolar, bonificant la graduació progressiva primer a l'ESO i després en les titulacions postobligatòries. Existeix evidència acreditada dels beneficis que representen les rendes infantils en la millora dels resultats escolars, les taxes de graduació i les condicions familiars d'educabilitat (Duncan & Magnuson, 2013; Berham, 2011; Fiszbein, 2009).

La proposta de FEDAIA anomenada *prestació econòmica universal per a la criança* (PEUC) està pensada per cobrir el 50 % del cost de criança d'un infant, que a Catalunya suposa 5.037 euros anuals. Seria una prestació de 210 euros mensuals per criatura i graduada en funció de la situació familiar o la discapacitat. Si s'apliqués una prestació com la PEUC per al 30 % dels menors pobres existents a Catalunya, implicaria una despesa o inversió social de 1.056 milions anuals. Generaria un retorn econòmic d'uns 340 milions anuals i, per tant, el cost real per la hisenda catalana (exclòs el seu retorn) seria de 716 milions anuals, que equivaldria al 4,5 % del frau fiscal anual actualment existent.

Alhora, l'elevació del salari mínim fins als 1.000 euros, l'activació laboral dels pares pobres en situació d'atur de llarga durada i els incentius a la contractació per a perfils vulnerables anirien alleugerant el percentatge de famílies amb fills en situació de pobresa.

Parentalitat positiva i famílies en xarxa

La introducció de programes de parentalitat positiva en la primera infància (0-6 anys) des dels centres de salut actuaria de forma multiprofessional (pediatres, mestres, assistents socials, treballadors familiars...) per garantir llars ben estructurades, bones pràctiques de criança i suport a l'aprenentatge dels fills. Millorar, capacitar i apoderar les famílies de menys capital formatiu en el seu vincle amb el professorat, l'escola, la cultura i la ciutat ha de ser una estratègia reforçada des del món local i associatiu.

La participació dels pares a les AMPA i a les activitats cíviques i de barri forma part del capital social familiar i influeix en les actituds i rendiments dels fills. Les famílies de baixos ingressos i les famílies immigrants són les que menys participen en les escoles dels seus fills, especialment en escoles públiques on no hi ha una AMPA constituïda. Com a contraprestació de la renda mínima infantil, ja hem destacat la necessitat d'incorporar processos d'acompanyament i mentoria pensats per als pares i mares que acabaran redundant en el benestar i l'aprenentatge dels fills.

Un dels objectius a aconseguir seria que en tota escola s'organitzi una AMPA o una AFA, amb més dotació i recursos, com a gestores de serveis i com a líders comunitaris. Dins d'aquest objectiu, les AMPA consolidades i que funcionen bé haurien d'apadrinar i tutoritzar la creació de noves associacions en les escoles més vulnerables on els pares i mares no estan organitzats.

Garantia de lleure enriquidor en ciutats que eduquen

Entorn del 20 % dels menors de 16 anys no participen en cap activitat de lleure i el 13 % no es poden permetre anar de colònies, viatges de fi de curs i altres activitats de pagament, segons les dades de l'ECV (2014). El temps de lleure és una esfera directa de desigualtat que accelera la bretxa d'avantatges i desavantatges cognitius, socialitzadors i capacitadors en funció del capital cultural i econòmic de les famílies. Per empitjorar-ho, la compactació de la jornada escolar en els instituts públics afecta molt negativament els menors de l'ESO (12-16 anys), ja que es queden sense una oferta de lleure i activitats extraescolars de qualitat. Al mateix temps, l'absència d'activitats de lleure a l'estiu impacta de forma negativa en la represa escolar del curs següent.

Cal una oferta local enriquidora d'activitats de lleure educador des dels ajuntaments que coordinin el fora-escola amb les entitats, escoles i instituts, en què es prioritzi l'atenció, el reforç i l'estimulació dels menors en situació socialment vulnerable, tant a l'hivern com a l'estiu. La LEC (2009), a l'article 6.6, ja preveia convocar ajuts per al lleure educador entre les famílies de menys renda. L'any 2010 es destinaven 14,6 milions a subvencionar activitats extraescolars, que han estat retallats a la meitat a partir del 2013; aquests recursos s'haurien de recuperar i multiplicar (Martínez-Celorrio, 2016*a*). D'altra banda, la inversió educativa dels ajuntaments s'ha reduït el 19 % durant els anys de crisi, en detriment, entre d'altres, de les activitats d'esport, lleure i música dels menors.

Polítiques contra la segregació escolar

Una estratègia predistributiva justa implica igualar en recursos totes les escoles, evitant la dualització entre pública i concertada i qualsevol forma de segregació per raons socioeconòmiques. Assolir més equilibri al mapa escolar i menys segregació entre escoles per la seva composició i clienteles és un objectiu ja fixat a la LEC (2009) que faculta els municipis a vetllar pel seu compliment. Segons Martínez i Albaigés (2014), la major segregació dels alumnes estrangers de Catalunya en relació amb altres comunitats autònomes es concentra a les àrees més poblades del país: Baix Llobregat, Barcelonès, Vallès Occidental, Gironès, Segrià, Tarragonès i Baix Penedès.

La segregació escolar a Catalunya és superior a la segregació urbana per barris i no es limita a la dualitat entre pública i concertada, sinó que també afecta la segregació interna de la xarxa pública. La segregació tampoc està correlacionada amb el pes migratori present a cada municipi. Tenim bons exemples d'experiències locals de dessegregació a Girona, Manlleu, Olot, Terrassa o Mataró (Bonal, 2012). Però, tot i això, certs instruments recollits en la normativa, com la reserva de places no són utilitzats per la meitat de municipis de més de 10.000 habitants

Ja hem vist abans com la distribució d'una matrícula més equilibrada i interclassista faria augmentar els resultats. Alguns autors com Bonal (2015; Ferrer, 2011) han demostrat el significatiu *peer effect* en positiu que es produeix en centres socialment mixtos i l'efecte negatiu que té l'excessiva concentració tant d'alumnat estranger com de baix rendiment en determinades escoles guetitzades.

Dessegregar i equilibrar el mapa escolar no només s'ha de fer redistribuint la matrícula, sinó també enxarxant les escoles en una nova cultura col·laborativa entre centres que funcionen i centres «difícils», on es pugui potenciar i alliberar temps docent per l'intercanvi d'ajut i d'experiències. Les escoles, mestres i AMPA que cooperin entre si han de rebre bonificacions i distincions per incentivar aquest nou treball en xarxa per recosir i desagregar el sistema.

En el futur esquema de governança de l'ensenyament, els municipis més grans de 10.000 habitants han de tenir més protagonisme gestor, supervisor i facilitador de les escoles. L'aïllament dels centres del seu entorn, sobretot a secundària, ha de donar pas a fórmules de cogestió entre els municipis i els serveis territorials. Els municipis no només han de ser clau a l'hora de reequilibrar el mapa escolar o de completar serveis on no arriba ensenyament. La governança multinivell del sistema guanyarà en eficiència com més coordinades i compartides siguin les decisions a escala local.

Corresponsabilitat del mercat de treball

Els agents del mercat de treball (sindicats i empresaris) han de consensuar quina ha de ser la seva funció davant l'objectiu d'equitat educativa. Per tradició històrica, la configuració del mercat de treball a Espanya i Catalunya es caracteritza per la discrecionalitat per gestionar els mercats interns de les empreses sense connexió amb el sistema d'FP dissenyat en forma escolar. Per contra, els països de tradició germànica han configurat un model de professionalització amb una FP dual que reprodueix el sistema gremial d'aprenentatge d'oficis i una estructura de salaris més alts i justos.

La corresponsabilitat de les empreses i del mercat de treball amb el sistema educatiu català ha d'obrir una nova etapa que no ha de limitar-se a l'àmbit de l'FP o de les universitats. Els requisits de contractació establerts en els convenis sectorials i en la negociació col·lectiva han d'incentivar l'assoliment de titulacions de secundària superior entre els joves i no actuar com a atracció (*push*) de l'abandonament prematur. Per facilitar-ho, s'han d'articular modalitats flexibles que permetin treballar i completar de forma modular les titulacions d'FP mitjana i FP superior. Alhora, les empreses han de facilitar els processos d'acreditació de competències de l'experiència laboral com a instrument incentivador de retorn modular a les titulacions en FP. Finalment, els agents socials haurien d'acordar progressivament exigir les titulacions en FP mitjana com a nou llindar bàsic, en substitució de l'ESO, per a les ocupacions genèriques.

Conclusions: el dret a aprendre com a prioritat transformadora

No pots dominar el vent, però pots canviar la direcció de les teves veles.

CONFUCI

Aquest llibre està adreçat als 107.000 professors del sistema no universitari que treballen a Catalunya. Al llarg dels tres capítols centrals hem analitzat la qualitat de la governança i els canvis socials que fan necessari un nou paradigma educatiu. Hem aclarit de quina innovació educativa s'està parlant i en quin context global de canvi se situa. Finalment, hem defensat que la innovació educativa i l'equitat són dues cares de la mateixa moneda que no es poden separar. Per combatre les desigualtats i elevar les aspiracions i el gust d'aprendre amb independència de la condició socioeconòmica, cal canviar el currículum i la matriu tradicional cap a pedagogies invisibles, competencials i maduratives. Hem aportat evidències sobre què funciona i què no funciona a l'escola i hem presentat propostes d'equitat per incidir en els factors interns i externs a l'escola.

El canvi educatiu acostuma a seguir un ritme vegetal i ara estem celebrant certs brots verds escampats aquí i allà. Però la parcel·la a cultivar i fer germinar és gran i pedregosa. La terra és fèrtil i les llavors són excel·lents, però ens cal un lideratge públic més implicat que piloti el canvi educatiu des d'una governança més horitzontal, coparticipativa i basada en evidències. Certament, necessitem una estructura perdurable i estable com ho és l'escola, enmig dels temps turbulents i líquids que vivim. Però no necessitem pas la matriu i format burocràtic que servia per a l'educació de masses durant la societat industrial. Ara hem de reconstruir i redefinir una nova matriu i format escolar que reevolucioni l'anterior, partint del que som i fem, però enfocada a garantir el dret a l'aprenentatge en un nou context històric i social.

Hem defensat que el dret a aprendre passa avui perquè tot l'alumnat adquireixi la capacitat de crear significats, entendre allò que assimila i l'envolta i arribi a ser competent en multitud de codis i llenguatges que conviuen en complexitat. És un objectiu universalista i equitatiu molt ambiciós que no es farà possible sense el protagonisme i el compromís del professorat. Ja hem vist les evidències acumulades per John Hattie sobre la importància central del professorat a l'hora de generar bones oportunitats d'aprenentatge per a tothom. I com d'importants són les seves expectatives sobre els alumnes, la seva relació social i emocional amb ells i les millors maneres que té a l'abast per estimular l'aprenentatge i la superació.

Gran part del professorat dona per sabuts els factors externs de desigualtat malgrat que no els té en compte per organitzar un entorn estimulant d'aprenentatge. Se centra en la seva assignatura, en el funcionament formal del centre i en les rutines habituals de la matriu escolar tradicional. Gran part del professorat no se sent massa responsable de l'èxit o fracàs escolar dels alumnes, ja que considera que les seves dificultats d'aprenentatge i conducta escapen del seu control. El problema rau, diuen, en la manca d'esforç, en la desmotivació i el desinterès de l'alumne. Aquesta és una interpretació defensiva de certs sectors de professorat, feta a partir de la imatge ideal del «bon alumne modèlic» que tenen en ment i que es correspon a l'alumne seriós i aplicat de la classe mitjana culta. Però, no ens enganyem, és una imatge idealitzada d'un perfil d'alumne que presenta les disposicions apropiades per a l'aprenentatge instructiu i el respecte a la jerarquia i autoritat docent tradicional.

El gruix del professorat sap que han perdut l'atenció i implicació de les noves generacions i volen omplir aquest desafecte sense tenir clar quina direcció han de prendre. Al llarg del llibre hem insistit en el professorat com un intel·lectual transformador amb vocació i compromís públic, conscient de la seva funció i obert a la col·legialitat constructiva i positiva. Es parla molt d'innovació educativa i de xarxes d'escoles innovadores, però cal focalitzar la gran massa indefinida i expectant de professorat que viu les contradiccions, desafectes i fatigues tot sol o en petit comitè. Espero que aquest llibre hagi ajudat tot aquest gran sector anònim de professorat a reflexionar i a pensar d'una forma més divergent i atrevida perquè s'animin a evolucionar.

La rutina i la micropolítica d'informalitats que es viuen en els claustres fan caure el professorat en una inèrcia captiva molt propensa a la desconfiança, el desinterès i la desmotivació que ells mateixos adjudiquen als seus alumnes. És un dels efectes perversos del sistema escolar, especialment de la pública, que no s'arregla demanant baixes i trasllats. És cert que el punt més feble de la mediocre governança educativa que consentim és l'absència d'una política potent de professorat que incentivi la carrera, el desenvolupament professional i la formació permanent. Ningú no ha volgut o pogut posar el cascavell al tigre.

Acostumo a dir als meus alumnes que el professorat envelleix a l'aula mentre veu passar fornades de generacions noves i diferents. El mateix procés de reposició de clienteles ha fet que arribi una nova generació de famílies joves que vol ser més exigent i participativa en temes pedagògics i curriculars que afecten els seus fills petits i no tan petits. Poden estar a favor de la pública per identitat i vocació o poden haver-hi aterrat a causa del procés d'empobriment que ha causat la crisi. La qüestió és que es tracta d'una minoria activa, cada cop més ben organitzada i més conscient del seu paper no pas com a clients d'un servei banal o mundà, sinó com a pares compromesos amb un model d'educació pública de qualitat, avançada i comunitària.

Aquesta nova fornada de famílies vol participar activament a potenciar les fortaleses de l'escola pública, aprofitant també les oportunitats i noves possibilitats que ens ofereix la societat del coneixement. Saben la importància estratègica i social que té una bona educació per al futur dels seus fills. Coneixen què significa l'elevació d'exigències cognitives i competencials perquè els va tocar passar pel mateix en la seva socialització educativa i professional des dels mitjans dels anys noranta. Han patit el tsunami d'una crisi econòmica causada per l'avarícia, el consumisme i la captura de l'Estat per part dels mercats. Ara volen dir la seva sobre les funcions de l'escola, sobre el trilema què, com i per a què han d'educar les escoles i els instituts els seus fills.

Els 107.000 professors del sistema escolar català han d'estar a l'altura i han de saber respondre a aquest trilema d'interrogants amb expertesa i perspectiva. Fa pocs anys, un exministre espanyol d'educació va reconèixer el *per a què* del nostre sistema educatiu. Deia que a Espanya tenim un sistema educatiu molt adequat per formar funcionaris, és a dir, professionals sotmesos a rutines repetitives i dirigides. L'exministre estava reconeixent allò què produeix el currículum ocult de l'actual sistema. Aquest propòsit és el més just i adequat per formar i socialitzar les noves generacions?

El 2014, el director del programa PISA, Andreas Schleicher, compartia taula de debat amb el ministre Wert i li va etzibar un dur diagnòstic dels mals del sistema espanyol.[14] Deia que els resultats PISA s'han estancat a Espanya entre 2003-2012, a diferència d'uns altres 40 països avaluats, que han experimentat millores de resultats durant els últims anys. Schleicher explicava l'estancament espanyol pel model

14. *La Voz de Galicia* (2014): «El aprendizaje por memorización, clave del fracaso educativo español». La Coruña, 4 de febrer de 2014.

pedagògic seguit, en què predomina la didàctica tradicional basada en la memorització, sense interioritzar ni saber aplicar els conceptes ni resoldre problemes i sense personalitzar l'aprenentatge en un context on no es facilita la llibertat creativa per innovar.

El relat de Schleicher continua dient que «els infants espanyols no tenen confiança i atribueixen els seus errors als altres o a la sort quan un estudiant asiàtic respon de forma diferent: sé que si treballo dur els meus professors m'ajudaran a obtenir l'èxit». A Espanya, conclou, «la classe socioeconòmica decideix més que la capacitat de l'alumne, i els pares, tot i que es preocupen a l'hora de triar escola, ho fan preocupats pel renom, però no pel rendiment o pels resultats reals d'aprenentatge». Aquesta és la fitxa nacional que l'OCDE té sobre el problema educatiu a Espanya, que recomana resoldre a través del canvi radical i transformador de la forma d'ensenyar i aprendre. Què hi diuen els 107.000 professors del sistema escolar català? Hi estan d'acord? Ja els està bé?

En totes les societats pluralistes es discrepa sobre com cal entendre la infància, l'adolescència i les seves necessitats de socialització i educació. Avui en dia, el mapa dels sectors ideològics entorn de l'educació està vivint noves convulsions i contradiccions. D'una banda, es mantenen els sectors elitistes més resistents a la innovació i al canvi pedagògic que defensen separar l'excel·lència de l'equitat i aposten per allò que anomenen cultura de l'esforç. En segon lloc, ens trobem amb sectors que desconfien de la innovació educativa des d'una esquerra paternalista que defensa retòricament l'equitat, però que recela de les famílies que volen qüestionar el currículum o les didàctiques com un intrusisme inquietant. En tercer lloc, ens trobem sectors de la pública i de la concertada que abanderen la innovació educativa, però no parlen mai de l'equitat com a propòsit o no van més enllà del seu propi centre. En quart lloc, tenim una gran massa anònima de professorat en la indiferència i sense representació, ja que entorn del 70 % ni tan sols vota a les eleccions sindicals.

Són quatre espais molt diferents entre si que no dialoguen ni s'escolten. Avui més que mai, necessitem espais de trobada, de calma i de serenor per posar en comú les discrepàncies i trobar elements intel·ligents de consens. Una recent iniciativa experimental del Consell Escolar del País Basc ha obert unes taules de debat multiagents en tres territoris pilot per tal de plantejar els grans reptes i canvis que ha de fer l'escola.[15] El mètode que seguiran apodera els participants a cridar a experts, documentar-se i deliberar per construir propostes viables que seran presentades al Parlament basc. No es tracta de fer retòrica ni informes de diagnòstic, sinó d'activar i apoderar un procés d'innovació social participatiu que generi alternatives i decisions de política educativa cocreades des de baix.

En contra del tòpic, en aquests moments és en la xarxa pública on predomina més la innovació i l'experimentació d'una nova matriu escolar, amb el 89 % de casos identificats (Martínez-Celorrio, 2016*b*), en què predomina l'educació primària, amb el 77 % dels casos. Les experiències innovadores de la xarxa concertada poden enlluernar i brillar amb més glamur mediàtic, però l'evidència ens diu que és la pública qui lidera el canvi malgrat la seva escassa visibilitat i suport per part de l'Administració. Alhora, patim un excés de sentiment d'inferioritat de l'educació pública a causa del seu abandó i un bucle continuat de martirologi i d'indefensió apresa per part d'un sector del professorat.

Cal passar a l'ofensiva argumental. Cal remarcar el dret a aprendre en la societat del nou mil·lenni com a nou dret de ciutadania. No basta amb el dret a ser escolaritzat i instruït. Cal fer una aposta decidida per un nou marc narratiu que defensi que tots els alumnes poden aprendre i que el que cal fer és desenvolupar estratègies pedagògiques i mesures organitzatives per fer-ho possible, tal com ens diu Darling-Ham-

15. *Diari Deia* (2017). «Pasar de las protestas a las propuestas en Educación». 18 de juny de 2017.

mond. El model burocràtic, bancari i estandaritzat d'escola no facilita ni garanteix el dret a aprendre com un dret de ciutadania. Garanteix la instrucció formal i selectiva que discrimina l'èxit i el fracàs escolar, però no pas el dret a aprendre i a desenvolupar tots els potencials i talents des d'un enfocament potent d'inclusió i equitat eductiva.

És curiós que en ensenyament no gaudim del que trobem en l'àmbit sanitari, on el dret a la salut deriva de l'atenció mèdica universal. En canvi, tenim atenció escolar universal sense que se'ns garanteixi el dret a aprendre. Per assolir-ho, cal fer canvis en l'estructura, organització i governança del sistema. No basta amb lluir unes quantes illes innovadores que siguin excepcionals. Cal dotar el sistema de noves capacitats institucionals per produir, alhora, innovació i equitat com a motors de la transformació educativa que devem a les noves generacions.

Per fer-ho, la societat ha d'emetre un nou missatge inclusiu i igualitari en què quedi clar que necessita, valora i potencia tots i cadascun dels alumnes, sense que ningú no se senti exclòs per la seva singularitat ni quedi enrere. L'enfocament centrat en els drets de la infància ha de guiar i inspirar la nova política educativa. L'objectiu ha de ser elevar i democratitzar el nivell de coneixements rellevants i de capacitats valuoses entre tots els infants i adolescents, arribant als òptims on cadascú pugui arribar després de rebre altes expectatives per part dels seus professors i les millors estratègies per apropiar-se i trobar sentit al seu aprenentatge. Espero modestament que aquest llibre ajudi a fer-ho possible.

Bibliografia

ABACO (2012). *El PIB basado en el conocimiento: importancia y contribución al crecimiento*. València, IVIE.

Adorno, T. (1978). *Educación para la emancipación*. Madrid, Morata.

Antúnez, S. (2001). «Organización y gestión escolar». A Santos Guerra, M. A. *Organización y gestión escolar*. Bilbao, Cisspraxis, p. 165-178.

Apple, M. W. i Beane, J. A. (1997). *Escuelas democráticas*. Madrid, Morata.

Atrevia-Deusto (2016). *Generación Z, el último salto generacional*. Madrid-Bilbao, Deusto Business School.

Aymerich, R. i altres (2011). *Junts a l'aula? Present i futur del model d'educació comprensiva a Catalunya*. Barcelona, Fundació Jaume Bofill.

Bantley, T. (1999). *The Creative Age: knowledge and skills for a new economy*. Londres, Demos.

Bauman, Z. (1999). *Modernidad líquida*. Buenos Aires, FCE.

Beck, U. (1998). *La sociedad del riesgo: hacia una nueva modernidad*. Barcelona, Paidós.

Bernstein, B. (1998). *Pedagogía, control simbólico e identidad*. Madrid, Morata.

Bonal, X. (dir.) (2015). *Equitat i resultats educatius a Catalunya. Una mirada a partir de PISA 2012*. Barcelona, Fundació Jaume Bofill.

——— (2012). *Municipis contra la segregació escolar*. Barcelona, Fundació Jaume Bofill.

Bourdieu, P. (2013). *Nobleza de Estado. Educación de elite y espíritu de cuerpo*. Buenos Aires, Siglo XXI.

——— (2012) *Homo academicus*. Buenos Aires, Siglo XXI.
——— (1978). *La reproducción*. Barcelona, Laia.
Brophy, J. (2006). «Grade repetition». A *Education policy series*, 6, International Institute for Educational Planning, UNESCO, París.
Calero, J. i Escardíbul, O. (2017). *La calidad del profesorado en la adquisición de competencias de los alumnos. Un análisis basado en PIRLS-2011*. Madrid, Fundación Ramón Areces - Fundación Europea Educación y Sociedad.
Capsada, Q.; Hoeckel, K. i Ortiz, L. (2013). *Educació, competències i mercat de treball*. Barcelona, Fundació Jaume Bofill.
Carabaña, J. (2016). «¿Aumentar la escolaridad o fomentar la titulación en la Secundaria Superior?». A AA.DD. *Indicadores comentados sobre el estado del sistema educativo español*. Madrid, Fundación Ramón Areces.
Castells, M. (1998). *La era de la información. Economía, sociedad y cultura*. Madrid, Alianza.
Causa, O. i Chapuis, C. (2009). «Equity in student achievement across OECD countries: An investigation of the role of policies», *OECD Economics Department Working Papers*, 708.
Cebolla, H. i altres (2015). *Aprendizaje y ciclo vital. La desigualdad de oportunidades desde la educación preescolar hasta la edad adulta*. Barcelona, Fundació La Caixa.
Cobo, C. (2016). *La innovación pendiente. Reflexiones (y provocaciones) sobre educación, tecnología y conocimiento*. Montevideo, Colección Fundación Ceibal/ Debate.
Cohen, G. A. (2008). *Rescuing justice and equality*. Cambridge, MA, Harvard University Press.
Coleman, J. (dir.) (1966). *Equality of educational opportunity*. Washington, Goverment Printing Office.
Coll, C. (2016). «La personalització de l'aprenentatge escolar: un repte indefugible». A Vilalta, J. M. (dir.). *L'Estat de l'educació a Catalunya*. Anuari 2015. Barcelona, Fundació Jaume Bofill.
——— (2013). «El currículo escolar en el marco de la nueva ecologia del aprendizaje», *Aula*, 219: 31-36.
Connell, R. W. (2006). *Escuelas y justícia social*. Madrid, Morata.
Consejo Escolar del Estado (2015). *Informe 2015 sobre el estado del sistema educativo*. Madrid, CEE.
Darling-Hammond, L. (ed.) (2009). *State of the Profession: Study Measures Status of Professional Development*. National Staff

Development Council, 30 (2). <http://www.nsdc.org/news/getDocument.cfm?articleID=1844>.

Darling-Hammond, L. (2001). *El derecho de aprender. Crear buenas escuelas para todos*. Barcelona, Ariel.

Duncan, G. J. i Magnuson, K. (2013). «Investing in preschool programs», *The Journal of Economic Perspectives*, 27(2):109-132.

Dussel, I. (2011). *Aprender y enseñar en la cultura digital. VII Foro Latinoamericano de Educación*. Buenos Aires, Fundación Santillana.

Eizaguirre, S.; Terrones, A.; Pradel, M.; Martínez-Celorrio, X. i García, S. (2012). «Multilevel governance and social cohesion: Bringing back conflict and citizenship practices», *Urban Studies*, 49 (9): 1999-2016.

Escudero, J. M. i Martínez, B. (2012). «Las políticas de lucha contra el fracaso escolar: ¿programas especiales o cambios profundos del sistema y la educación?», *Revista de Educación*, número extraordinari, p. 174-194.

Faubert, B. (2012). «In-school policies and practices for overcoming school failure: A Literature Review», *OECD Education Working Paper*.

Fernández-Enguita, M. (2016). *La educación en la encrucijada*. Madrid, Santillana.

Fazekas, M. i Tracey, B. (2012). «Exploring the complex interaction between governance and knowledge in education», *OECD Education Working Papers*, 67.

Ferrer, F. (2011). *PISA 2009: avaluació de les desigualtats educatives a Catalunya*. Barcelona, Fundació Jaume Bofill.

—— (2009). *Estat de l'educació a Catalunya. Anuari 2008*. Barcelona, Fundació Jaume Bofill.

Field, S.; Kuczera, M. i Pont, B. (2007). *No more failures: Ten steps to equity in education*. París, OECD.

Fiszbein, A. i altres (2009). *Conditional Cash Transfers: Reducing Present and Future Poverty*. Washington, DC, World Bank.

Fullan, M. (2012). *Stratosphere: Integrating technology, pedagogy, and change knowledge*. Ontario, Pearson Canada.

Fullan, M. (2002). *Los nuevos significados del cambio*. Barcelona, Octaedro.

Goodman, J. (1995). «Change without difference: school restructuring in Historical perspective», *Harvard Educational Review*, 65 (1): 1-29.

Green, A.; Leney, T. i Wolf, A. (2001). *Convergencias y divergencias en los sistemas europeos de educación y formación professional.* Barcelona, Pomares-Corredor Ediciones.
Hargreaves, A. (2003). *Educar en la sociedad del conocimiento.* Barcelona, Octaedro.
Hargreaves, A. i Fullan, M. (2014). *Capital profesional.* Madrid, Morata.
Hattie, J. (2009). *Visible learning: A synthesis of over 800 meta-analyses relating to achievement.* Londres, Routledge.
——— (2011). *Visible learning for teachers: Maximizing impact on learning.* Londres, Routledge.
Heckman, J. (2011). «The economics of inequality: The value of early childhood education», *American Educator* 35 (1): 31-35.
Husen, T. (1988). *Nuevo análisis de la sociedad del aprendizaje.* Barcelona, Paidós.
Jackson, M. i altres (2007). «Primary and secondary effects in class differentials in educational attainment», *Acta Sociologica*, 50 (3): 211-229.
James, O. (2008). *The selfish capitalism.* Random House, New York.
Lanham, R. (2006). *The economics of attention: Style and substance in the age of information.* Chicago, University of Chicago Press.
Lapuente, V. (2015). *El retorno de los chamanes. Los charlatanes que amenazan el bien común y los profesionales que pueden salvarnos.* Barcelona, Península.
Lázaro, L. M.; Martínez, A. i Mayordomo, A. (2008). «Perspectiva histórica de la innovación educativa en España, 1970-2008». A Marcelo, C. (2008) (coord.). *Estudio sobre la innovación educativa en España.* Madrid, Centro de Información y Documentación Educativa (CIDE).
Lee, J. (2016). «Attitude toward school does not predict academic achievement». *Learning and Individual Differences*, 52: 1-9.
——— (2014). «Universal factors of student achievement in high-performing Eastern and Western countries», *Journal of Educational Psychology*, 106 (2): 364-374.
Lévesque, B. (2013). «Social innovation in governance and public management systems: toward a new paradigm?». A Moulaert, F. (ed.) (2013). *The international handbook on social innovation.* Cheltenham, Edward Elgar Publishing.

Levin, H. M.; Roldán, M. B. i Garchet, P. M. (2000). *Las escuelas aceleradas: una década de evolución*. Santiago, PREAL-Unesco.

Lieberman, A. (1995). *The work of restructuring schools. Building from the ground up*. Nova York, Teachers College Press.

López Rupérez, F.; García García, I. i Expósito, E. (2017). *La calidad de la gobernanza del sistema educativo español. Un estudio empírico*. Madrid, Universidad Camilo José Cela.

Lynch, K. i Baker, J. (2005). «Equality in education. An equality of condition perspective». *Theory and Research in Education*, 3 (2): 131-164.

Marcelo, C. (2008) (coord.). *Estudio sobre la innovación educativa en España*. Madrid, Centro de Información y Documentación Educativa (CIDE).

Martínez, M. i Albaigés, B. (2012). *L'estat de l'educació a Catalunya. Anuari 2011*. Barcelona, Fundació Jaume Bofill.

Martínez-Celorrio, X. (2017*a*). «Inversió predistributiva per augmentar l'equitat educativa». A Albaigés, B. i Pedró, F. (dir.). *L'estat de l'educació a Catalunya. Anuari 2016*. Barcelona, Fundació Jaume Bofill.

——— (2017*b*). «Educació i quarta revolució industrial», *El Diari de l'Educació*, 2 de febrer.

——— (2016*a*). «Impacte de la crisi i de les polítiques d'austeritat en el sistema educatiu». A Vilalta, J. M. (dir.). *Reptes de l'educació a Catalunya. Anuari 2015*. Barcelona, Fundació Jaume Bofill.

——— (2016*b*). «Innovación y reestructuración educativa en España: las escuelas del nuevo siglo». A AA.DD. *Informe España 2016*. Madrid, Càtedra Martín-Patino.

——— (2015*a*). *Les beques a examen. Repensar el sistema d'ajuts a l'estudi*. Barcelona, Fundació Jaume Bofill.

——— (2015*b*). «Buena predistribución y mejor redistribución contra las desigualdades». A ESADE, *Indice de Confianza Social 2014*, p. 110-119. Barcelona, ESADE.

——— (2003). «Política educativa sin sociologia: populismo y cierre social en las reformas conservadores», *Sistema*, 173: 63-76.

Martínez-Celorrio, X. i Marín Saldo, A. (2016). *Crisi, descens social i xarxes de confiança*. Barcelona, Fundació Jaume Bofill.

——— (2013). «Orígens de classe, educació i mobilitat social. Ascens i descens social de les persones joves en el context de crisi», *Enquesta a la Joventut de Catalunya 2012*, vol. 2, p. 267-314. Barcelona, Generalitat de Catalunya.

——— (2010). *Educació i mobilitat social a Catalunya*. Barcelona, Fundació Jaume Bofill.

Martínez García, J. S. (2009). «Fracaso escolar, PISA y la difícil ESO», *RASE-Revista de la Asociación de Sociología de la Educación*, 2 (1): 56-85.

Meirieu P. (2016). *Recuperar la pedagogía: de lugares comunes a conceptos clave*. Buenos Aires, Paidós.

Meuret, D. (2004). «La autonomía de los centros escolares y su regulación», *Revista de Educación*, 333: 11-39.

Morel, N.; Palier, B. i Palme, J. (eds.) (2012). *Towards a social investment welfare state? Ideas, policies and challenges*. Bristol, Policy Press.

Nusche, D. (2009). «What works in migrant education? Review of evidence and policy options», *OCDE Education Working Paper*, 22.

Nussbaum, M. (2012). *Crear capacidades: propuesta para el desarrollo humano*. Barcelona, Paidós.

Oakes, J. (2005; original 1985). *Keeping track: How schools structure inequality*. Yale University Press.

OCDE (2016). «Are disadvantaged students given equal opportunities to learn mathematics?», *PISA in focus*, 63.

——— (2013). *TALIS 2013-Estudio Internacional de la Enseñanza y el Aprendizaje. Informe español*. Madrid, Ministerio de Educación.

——— (2011). «When students repeat grades or are transferred out of school: What does it mean for education systems?», *PISA in focus*, 6.

——— (2010). *PISA 2009 results: What makes a school successful?: Resources, Policies and Practices*, vol. IV.

Phillips, M. i altres (1998) «Family background, parenting practices, and the black-white test score gap». A Christopher Jencks i Meredith Phillips (ed.). *The black-white test score gap*. Washington D.C., Brookings Institution Press.

Piketty, T. (2014). *El capital en el siglo XXI*. México, FCE.

Pozo, J. I. (2016). *Aprender en tiempos revueltos. La nueva ciencia del aprendizaje*. Madrid, Alianza Ensayo.

Rawls, J. (1998). *Teoría de la justicia*. México, FCE.

Richardson, D. (2010). «Child and family policies in a time of economic crisis», *Children & Society*, 24 (6): 495-508.

Roemer, J. E. (1998). *Equality of Opportunity.* Cambridge, Harvard University Press.

Sahlberg, P. (2013). *El cambio educativo en Finlandia ¿Qué puede aprender el mundo?* Buenos Aires, Paidós.

Sammons, P. (2007). *School effectiveness and equity: Making connections.* Reading, Centre for British Teachers.

Schmidt, W. H. i altres (2015). «The role of schooling in perpetuating educational inequality: An international perspective», *Educational Researcher*, 44 (7): 371-386.

Schultz, T. 2004. «School subsidies for the poor: Evaluating the mexican progresa poverty program», *Journal of Development Economics*, 74 (1): 199-250.

Sen, A. K. (2010). *La idea de la justicia.* Madrid, Taurus.

Sennet, R. (2006). *La corrosión del caràcter. Las consecuencias personales del trabajo en el nuevo capitalismo.* Barcelona, Anagrama.

Síndic de Greuges (2016). *La segregació escolar a Catalunya (I): la gestió del procés d'admissió d'alumnat.* Barcelona, Síndic de Greuges.

—— (2015). *Informe sobre la igualtat d'oportunitats a l'educació infantil (0-3 anys).* Barcelona, Síndic de Greuges de Catalunya.

—— (2014). *Informe sobre els drets dels infants.* Barcelona, Síndic de Greuges de Catalunya.

—— (2008). *La segregació escolar a Catalunya. Informe extraordinari.* Barcelona, Síndic de Greuges.

Slavin, R. E. (1996). «Success for all: A summary of research», *Journal of Education for Students placed at Risk*, 1: 41-76.

Sther, N. (1994). *Knowledge Societies.* Londres, Sage.

Tarabini, A. (2015). «La meritocracia en la mente del profesorado», *RASE- Revista de la Asociación de Sociología de la Educación*, 8 (3).

Teddlie, C. i altres (2000). *The international handbook of school effectiveness research.* Londres, Falmer Press.

Tedesco, J. C. (1995). *El nuevo pacto educativo.* Madrid, Narcea.

Tyack, D. i Cuban, L. (2001). *En busca de la utopía. Un siglo de reformas de las escuelas pública.* Mèxic, FCE.

Välijärvi, J. i Sahlberg, P. (2008). «Should 'failing' students repeat a grade? A retrospective response from Finland», *Journal of Educational Change*, 9 (4): 385-389.

Vandenberghe, V. (2002). «Evaluating the magnitude and the stakes of peer effects analysing science and math achievement across OECD», *Applied Economics*, 34: 1283-1290.

Vilalta, J.M. (dir.). *Reptes de l'educació a Catalunya. Anuari 2015.* Barcelona, Fundació Jaume Bofill.

Von Hippel, E. (2005). *Democratizing innovation.* Cambridge, MIT Press.

Woessmann, L.; Luedemann, E.; Schuetz, G. i West, M. R. (2009). *School accountability, autonomy and choice around the world.* Cheltenham Glos, Edward Elgar Publishing.

Sobre l'autor

Xavier Martínez-Celorrio (1965) és professor de Sociologia a la Universitat de Barcelona especialitzat en temes d'educació, equitat, mobilitat social i desigualtats en la societat del risc. Investiga en el marc del grup CRIT (Creativitat, Innovació i Transformació Urbana) de la UB i ha col·laborat en recerques per a la Fundació Bofill, ACSAR, la Fundación Encuentro i altres. Entre les seves publicacions destaquen *Crisis y movilidad social: cómo reactivar el ascensor social* (2017), *Crisi, descens social i xarxes de confiança* (2016), *Innovación y reestructuración educativa en España* (2016), *Trajectòries socials i integració de joves nouvinguts a Catalunya* (2015), *Les beques a examen* (2015) o *Educació i mobilitat social a Catalunya* (2010). Ensenya sociologia de l'educació a mestres i professors de secundària i forma part del grup d'innovació docent GIDASRES de la UB.

Índex